Werner Storl

Musik zum Reiten

Für Einzelkür, Pas de deux und Quadrillen

2., überarbeitete Auflage 1988
Mit 67 Abbildungen, davon 55 von Ulrik Schramm,
und 18 Tabellen

Verlag Paul Parey Berlin · Hamburg

In der Reihe
Pareys Reiter- und Fahrerbibliothek
sind bisher erschienen:

A. Knopfhart
Dressur von A-S. 2. Auflage

H. v. Heydebreck
Die deutsche Dressurprüfung. Eine Anleitung für Reiter, Richter und Zuschauer. 3. Auflage

H. Schusdziarra / V. Schusdziarra
Reitergespräche - Der Weg zum unabhängigen Sitz

W. Storl
Musik zum Reiten - Für Einzelkür, Pas de deux und Quadrillen. 2. Auflage

Die Reihe wird fortgesetzt

Anschrift des Verfassers:
Werner Storl, Wiemerskamper Weg 65 A,
D-2000 Tangstedt

CIP-Titelaufname der Deutschen Bibliothek

Storl, Werner:
Musik zum Reiten: für Einzelkür, Pas de deux u. Quadrillen / Werner Storl. - 2., überarb. Aufl.– Berlin; Hamburg: Parey, 1988.
(Pareys Reiter- und Fahrerbibliothek)
ISBN 3-489-64332-1

Umschlag: Jan Buchholz & Reni Hinsch Grafik-Design, D-2000 Hamburg 73

Anschriften: Lindenstr. 44–47, D-1000 Berlin 61; Spitalerstr. 12, D-2000 Hamburg 1

ISBN 3-489-64332-1 – Printed in Germany

Schrift: Borgis Helvetica (Satzsystem Apple IIe/Macintosh)
Copyproofs: Druckerei Reinhold Eppler, D-1000 Berlin 61
Satz: PLS-PareyLaserSatz, D-1000 Berlin 61
Druck: WB-Druck GmbH & Co. Buchproduktions KG, D-8959 Rieden
Bindung: Verlagsbuchbinderei Dieter Mikolai, D-1000 Berlin 10

Zum Geleit

Die Tatsache, daß nach nur eineinhalb Jahren die zweite Auflage erforderlich geworden ist, beweist, wie sehr Autor und Verlag mit *Musik zum Reiten* einem breiten reiterlichen Interesse entsprechen.

Es bestätigt sich damit die Erfahrung, die der Reitverein Wohldorf in Hamburg seit dem ersten Quadrillen–Turnier, das er vor genau zehn Jahren veranstaltete und mit dem er mit dem Quadrillen–Wettkampf eine neue Wettkampfdisziplin in den Reitsport einbrachte, ebenfalls in äußerst eindrucksvoller Weise macht: Durch den Quadrillen-Wettkampf erlebt das Quadrillen–Reiten einen ungewöhnlichen Auftrieb. Der Wunsch zahlreicher Reiter und Vereine nach einer kollektiv auszuübenden breitensportlichen Dressurdisziplin ist unübersehbar.

Diese Entwicklung basiert ganz entscheidend auf den sportästhetischen Attributen des synchronen Formationsreitens, das stark von musikalischen und choreographischen Komponenten geprägt wird. Es ist das besondere Verdienst des Autors, diese Aspekte und Zusammenhänge in einer allseits verständlichen Weise deutlich gemacht zu haben.

Das Deutsche Kuratorium Quadrillen–Reiten, gleichzeitig Fachbeirat der Deutschen Reiterlichen Vereinigung (FN) für Quadrillen–Reiten, bezieht *Musik zum Reiten* seit seinem Erscheinen als eine bedeutsame Hilfe für die Praxis in seine nationale und internationale Förderungsarbeit ein.

Das Kuratorium sieht in *Musik zum Reiten* einen hervorragenden Ratgeber für alle Reiter, die den Einstieg in das synchrone Formationsreiten suchen. Insbesondere auf dem musikalischen Sektor findet aber auch der erfahrene Quadrillenfreund viele interessante Anregungen.

Hamburg, im September 1987 *Fritz Lackmann*

Vorwort zur zweiten Auflage

Die erste Auflage wurde nicht nur von Reitern und Reitlehrern, die sich für die Quadrillenarbeit interessieren, mit Begeisterung aufgenommen, sondern fand auch bei Dressurreitern große Aufmerksamkeit.

Der im Jahr 1986 erstmals ausgetragene Dressur-Weltcup, zu dem eine S-Kür mit Musik geritten wurde, nahm in der reiterlichen Fachpresse großen Raum ein. Dabei blieb selbst unter Dressur-Experten manche Frage offen.

Auch der Fahrsport hat nunmehr Gefallen gefunden an einer Fahr-Kür mit Musik. Doch überall, wo mit Musik geritten oder gefahren wird, erscheint das gleiche Problem: Die Abstimmung der Gangarten mit der Musik erweist sich als das schwierigste Kapitel – vor allem auch für die Richter.

In der zweiten Auflage bin ich deshalb näher auf die Gestaltung von Kür-Aufgaben eingegangen und habe auch die Frage der Bewertung durch die Richter eingehend behandelt. Auf diesem Gebiet muß noch viel grundlegende Arbeit geleistet werden, denn hier liegt völliges Neuland vor uns.

Ich wünsche auch der zweiten Auflage eine gute Resonanz bei allen interessierten Reitern.

Tangstedt, im September 1987 *Werner Storl*

Vorwort zur ersten Auflage

In den letzten Jahren wurden auf Turnieren zunehmend Prüfungen für Einzelkür und Paarklasse nach eigener Musik ausgeschrieben. Ebenso erlebte erfreulicherweise das Quadrillereiten eine Renaissance, und es gibt bereits Turniere, auf denen ausschließlich Quadrille-Prüfungen stattfinden.

In diesen Prüfungen erlebte ich immer wieder eine Hilflosigkeit bei der musikalischen Gestaltung. Diese Unsicherheit in der Auswahl und bei der Gestaltung einer passenden Musik veranlaßt mich, den Versuch zu wagen, über dieses Thema zu schreiben.

Meine Ausführungen zielen hauptsächlich auf das Quadrillereiten – so habe ich ein besonderes Kapitel ausführlich auch dem Quadrille-Turnier gewidmet – doch treffen sämtliche Überlegungen und Vorschläge selbstverständlich auch zu für das Reiten von Einzelkür, Pas de deux usw.

Im Laufe der letzten Jahre prüfte ich jedes Musikstück, das ich hörte, ob es sich für das Quadrillereiten eignet.

So findet der Leser in der Übersicht der Musikstücke mehr als 170 Werke, zum großen Teil näher mit Metronomzahlen und Spieldauer versehen. Da sehr viele Werke (Sinfonien, Ballettmusik) aus mehreren Sätzen bestehen, ergibt sich die erstaunliche Zahl von ca. 250 Musikbeispielen, die ich für das Reiten nach Musik für geeignet halte.

Dieses Buch konnte nur entstehen aus der langjährigen Beschäftigung mit der Quadrillearbeit. So gilt mein besonderer Dank allen Reitern, die bereit waren, in den letzten Jahren mit mir an dieser schönen Aufgabe zu arbeiten, an erster Stelle den Reitern meiner »Rossini-Quadrille« des Reitervereins am Bredenbeker Teich in Hamburg.

Großer Dank gebührt dem Initiator der alljährlichen Quadrillen-Championate des Reitvereins Wohldorf, Herrn Dr. Lackmann, sowie dem Landesverband Hamburg, der die Idee eines Quadrillen-Wettkampfes aufgriff und förderte, indem er einen »Arbeitskreis Quadrillen-Wettkampf« unterstützte und weiterhin alljährlich in den Messehallen in Hamburg ein Quadrillen-Turnier ausschrieb.

Die Erfahrungen aus diesem Arbeitskreis und aus den Quadrillen-Wettkämpfen bildeten unter anderem die Basis meiner hier vorgelegten Arbeit.

Ein weiterer Dank gebührt meinem langjährigen Reiterkameraden, Herrn Direktor Hans-Joachim Reincke, der mir das Manuskript durchsah.

Besonderen Dank möchte ich meiner Frau sagen, die es über Jahre ertrug, mich mit Bleistift und Stoppuhr am Rundfunkgerät und am Plattenspieler sitzen zu sehen.

Darüber hinaus danke ich dem Verlag Paul Parey und seinen Mitarbeitern für die verlegerische Gestaltung und das mir stets entgegengebrachte Verständnis.

Der letzte Dank gilt den Pferden, die uns die gesamte Arbeit mit ihren Höhen und Tiefen erst ermöglichten.

Tangstedt, im Januar 1986 *Werner Storl*

Inhaltsverzeichnis

Erster Teil - Geschichtliche Entwicklung und musikalisches Rüstzeug

Tradition und Vorbild

Die gerittene Quadrille findet ihr Vorbild im Quadrille-Tanz, einem höfisch eleganten Figurentanz, der aus Frankreich stammt. Man tanzte ihn mit je vier Personen im Karree als Kontertanz, meist in fünf Touren in drei- oder zweiteiligem Takt, und in den deutschen Tanzinstituten gehörte die Quadrille bis in die Jahre um 1940 zum festen Unterrichtsprogramm.

Jeder Ball wurde mit einer festlichen Quadrille eröffnet, oder sie bildete den Höhepunkt des Abends. Zu diesen Quadrilletänzen gehörte eine bestimmte, den Tanzrhythmus tragende Musik – die »Quadrille-Musik«. So finden wir zum Beispiel bei JOHANN STRAUß in seiner »Fledermaus« die »Fledermaus-Quadrille«, nach der in dieser vergangenen Zeit viele festliche Quadrillen getanzt wurden.

Dieser Quadrille-Tanz mit seinem Figurenreichtum, seinen sich öffnenden und schließenden Gruppen wurde schon früh zum Vorbild für die gerittene Quadrille. In der klassischen Reitkunst gehörte die Quadrille seit langer Zeit zum großen festlichen Ereignis.

Bereits vor mehr als 350 Jahren wurden an italienischen Höfen »Roßballette« veranstaltet, und in der Mitte des 17. Jahrhunderts führte Kaiser Leopold I. diese glanzvollen equestrischen Vorführungen in Wien ein.

Am 24. Januar 1667, anläßlich der Vermählung des Kaisers Leopold I. mit der spanischen Infantin Margarethe Theresia, fand ein prunkvolles Reiterfest statt. Diese reiterlichen Großveranstaltungen nannte man »Karussell«.

Im Karussell, ursprünglich wettkampfmäßiges Reiterspiel mit Säbel und Lanze, zeigte man ein reichhaltiges Programm. In einem zeitgenössischen Bericht heißt es: »Das Karussell begann mit einem Ringstechen, gefolgt von einem »Exercitium« mit kurzen Wurfspießen. Dann sprengten die Reiter mit gezogenen Schwertern heran, um den hölzernen Türken die Köpfe womöglich mit einem Streich herabzuhauen.

Schwieriger noch war es, im gestreckten Galopp, Krummsäbel in den Fäusten, Äpfel zu durchschneiden, die frei in der Luft von Fäden herabbaumelten, eine Aufgabe, die gute Augen und außerordentliche Geschicklichkeit voraussetzte.

Alle Evolutionen wurden in Quadrillen ausgeführt und von Militärmusik begleitet. Bald änderte sich die Szene: ein Scheingefecht von zwei Vierergruppen, sie suchten, hart gegeneinander anrennend, sich gegenseitig aus dem Sattel zu heben.

Nach diesem letzten Manöver theilte sich die ganze Cavalcade in zwei Parteien, jede zu zwölf Rittern mit ihren Knappen, die mehrere so zierliche als rasche Evolution ausführten, bei welchen sie sich abwechselnd untereinander vermengten, oder sich in Fronten zu zwölf, sechs oder vier Reitern aufstellten. Als die letzte Probe der Gewandtheit und Gelehrigkeit ihrer Pferde gaben sie dann noch eine Art von Tanz, ganz nach dem Takte der Musik.« (Bundesministerium für Land- und Forstwirtschaft. Hrsg., 1965: Die Spanische Reitschule Wien).

Einen weiteren ausführlichen Bericht über ein »Carousel« finden wir in der »Zeitung für Pferdeliebhaber«, Heft 29, aus dem Jahre 1826. (Zeitung für Pferdeliebhaber, 1977. Die bibliophilen Taschenbücher. Dortmund: Harenberg Kommunikation).

Dieses Carousel veranstaltete der Reichsgraf v. Hohberg am 20. Mai 1808 auf der Forstenburg im Sudetengebirge. Nach dieser Überlieferung besteht eine Quadrille aus einer Gruppe von vier Reitern in gleichmäßig prachtvoller Kleidung. Drei oder vier Quadrillen nahmen an einem Carousel teil, die nacheinander die vorgeschriebenen Turnierübungen, wie bereits im Wiener Bericht erwähnt, unter den Augen der Kampfrichter absolvieren mußten.

Abb. 1: CHI Berlin 1978: Die große Schulquadrille der Spanischen Reitschule Wien. Acht Schimmelhengste verkörpern lebendiges Barock im Takte klassischer Musik (Foto: W. Menzendorf)

Abb. 2: Das Cadre Noir der französischen Kavallerieschule Saumur. Eleganz und Ausdruck bei höchster Versammlung (Foto: W. Menzendorf)

Danach wäre unsere heutige Vierer-Quadrille (pas de quatre) die eigentliche Urform der gerittenen Quadrille.

Nach Fertigstellung des berühmten Reitschulsaals (1735) wurde Wien zum Mittelpunkt reiterlicher Galavorstellungen. Gekrönte Häupter und der Hochadel aus ganz Europa gaben sich zu diesen Karussells ein Stelldichein.

In dieser Zeit der glanzvollen Ereignisse entstanden viele Musikstücke, meistens Bläserstücke, komponiert für diese Feste. Aus BEETHOVENS Feder stammt zum Beispiel die »Musik für ein Ritterballett«. Im Jahre 1894 fand in Wien das letzte Karussell statt, an dem 125 Reiter, 14 Kutschen und vier Geschütze beteiligt waren und zu dem die »schneeweißen Lipizzaner nach der Musik tanzten«. (Bundesministerium für Land- und Forstwirtschaft. Hrsg., 1965: Die Spanische Reitschule Wien).

Noch heute gehört die große Schulquadrille der Spanischen Reitschule, deren festliche Vorführung bis zum Ende des Ersten Weltkrieges nur den Gästen des Kaisers vorbehalten war, zu den schönsten reiterlichen Erlebnissen (*Abb. 1*).

Die Musik zu diesen Galavorstellungen stammt von STRAUß, MOZART, BOCCHERINI, BIZET und CHOPIN.

Neben der Spanischen Reitschule entstanden zu Ende des letzten Jahrhunderts noch zwei weitere berühmte Ausbildungsstätten der klassischen Reitkunst: Die Französische Reitakademie Saumur mit den berühmten »Cadre noir« und das Militär-Reit-Institut Hannover, die spätere Kavallerieschule Hannover.

Die französische Kavallerieschule besteht seit 1814 und ist Ausbildungsstätte für die Offiziere der französischen Armee. Das »Cadre noir«, die bekannte Schulquadrille, trägt schwarze Uniformen mit Goldbesatz und ist beritten meist mit englischen Vollblütern (*Abb. 2*).

Auch die Italiener verfügen über eine Schulquadrille, das »Carosello dei Carabinieri«. Weiße Pferde, dunkelblaue Uniformen, gegeneinander angaloppierende Pferdeleiber in einem Scheingefecht mit gezogenem Säbel begeistern das Publikum.

Die »Royal Canadian Mounted Police«, die berittene Polizei Kanadas, unterhält eine Quadrille von 32 Pferden.

Mit roten Röcken und alten Lanzen tritt diese Truppe seit 1904 mit Schaubildern in der Öffentlichkeit auf. Diese Quadrille mit sehr interessanten und großflächigen Figuren zeigt sich in der ganzen Welt mit etwa 100 Auftritten jährlich.

In Deutschland begeistert die Schulquadrille der »Celler Hengstparade« alljährlich ein fachkundiges Publikum. Die Vorführungen des Landesgestütes Niedersachsen sind bereits Wochen vorher ausverkauft.

Ein norddeutscher ländlicher Reiterverein, der Huder Reitclub, unterhält eine Quadrille mit 20 Pferden, die »Blauen Reiter«. Diese nach ihren hellblauen Reitröcken benannte Truppe fand in den letzten Jahren beachtliches Interesse weit über regionale Grenzen hinaus. Die Deutschlandhalle in Berlin, die Dortmunder Westfalenhalle und die Bremer Stadthalle waren Stationen ihrer Erfolge.

Fahrquadrillen der bespannten Artillerie des Schweizer Bundesheeres, sechsspännig vom Sattel gefahren, und Schauquadrillen mit Viererzügen auf Turnierveranstaltungen runden das Bild der Quadrillentradition ab.

Bei der Entwicklung der Quadrille-Reiterei muß erwähnt werden, daß es um das Jahr 1925 einen Reiter gab, der als Quadrille-Fachmann bezeichnet wurde und sich im Berliner Raum große Verdienste erwarb, er hieß Oscar Fritz.

Ein Quadrille-Ereignis von weittragender Bedeutung fand anläßlich des Internationalen-Januar-Turnieres 1939 in der Deutschlandhalle in Berlin statt. Die Vorführung der Schulquadrille des Cadre Noir aus Saumur unter Führung von Cdt. Lessage auf diesem Turnier machte auf die höchsten deutschen Offiziere einen solchen Eindruck, daß man beschloß, eine Deutsche Schulquadrille aufzubauen. Felix Bürkner, einer der brillantesten Reiteroffiziere jener Zeit, wurde damit beauftragt (*Abb. 3*).

Bürkner übernahm 1939 den Schulstall der Kavallerieschule Hannover, die später nach Potsdam-Krampnitz verlegt wurde und sich Heeres-Reit- und Fahrschule nannte.

Dort brachte er, nunmehr Oberst und Kommandeur dieser Schule, in harter und geduldiger Arbeit zwölf geeigneten Pferden des Schulstalls die Lektionen für eine S-Qua-

Abb. 3: Internationales Reit- und Fahrturnier in der Deutschlandhalle Berlin 1939: Eine historische Aufnahme des Cadre Noir Saumur. Diese Vorführung in der Deutschlandhalle gab den Anlaß zum Aufbau der »Deutschen Schulquadrille« unter Felix Bürkner (Foto: W. Menzendorf)

drille bei. Zu den Ausbildern und Reitern dieser Pferde gehörten unter anderen auch Willi Schultheis, Fritz Thiedemann, Walter Günther und »Ede« Fink. (E. Fink war von 1956–1958 in Hamburg mein Reitlehrer, und ich habe von ihm sehr viel lernen können. Er starb am 31.12. 1978 im Stall zwischen seinen geliebten Pferden).

Bürkner schuf eine Quadrille auf der Basis klassischer Reitkunst und legte dabei großen Wert darauf, daß die Musikstücke im Original erhalten blieben und auf die Figuren nach Sekunden und Metern exakt paßten. Sein musikalischer Berater, ein österreichischer Musikexperte, WITESCHNIK, später Musikprofessor in Wien, schuf aus klassischen Werken eine ausgefeilte Quadrille-Musik.

Diese Deutsche Schulquadrille der Jahre 1940–1943 gehörte zu den gewaltigsten reiterlichen Erlebnissen dieser Zeit. Sie wurde einmal wöchentlich nur vor geladenen Gästen und hohen Persönlichkeiten des In- und Auslandes als Galavorstellung gezeigt. Einer der größten Dirigenten und Musiker dieser Zeit, Wilhelm Furtwängler, sagte zu Bürkner nach einer Vorstellung: »Das war das schönste Erlebnis meines ganzen Lebens, ich danke Ihnen aus tiefstem Herzen.«

Leider beendete Bürkners Abschied 1943 auch diesen Höhepunkt Deutscher Quadrillekunst.

Noch einmal, zur Schlußfeier der Olympischen Spiele 1972 in München, erlebte diese

Bürkner-Quadrille eine Wiederholung (mit später weiteren Vorführungen anläßlich internationaler Turniere in Europa).

Albert Stecken, Walter Günther und Willi Schultheis schufen, in enger Anlehnung an das Original unter Mitwirkung von zwölf der besten deutschen Dressurreiter, diese glanzvolle »Olympiaquadrille«. Es ritten: Dr. Reiner Klimke, Ilsebill Becher, Willi Schultheis, Inge Theodorescu, Walter Günther, Gabriela Grillo, Harry Boldt und Eva-Maria Pracht.

Diese Wiederaufführung der Bürknerschen Schul-Quadrille ließ die hohe Kunst der Quadrille wieder aufleben und setzte Zeichen und Maßstäbe. Wer sich mit Quadrillereiten beschäftigt und auseinandersetzt, sollte die großen Vorbilder nie aus den Augen verlieren.

Die Entwicklung nach 1945

Nach dem Ende des Krieges breitete sich auch in der Reiterei verständlicherweise eine Abneigung gegen alles Militärische und Autoritäre aus. Den schnarrenden Kasernenhofton konnte niemand mehr ertragen.

Wohl wurden auf den Turnieren der Nachkriegsjahre dank der Tätigkeit von Reitlehrern und Ausbildern der ehemaligen »Deutschen Wehrmacht« Abteilungswettkämpfe ausgeschrieben, doch die heranwachsende Generation fand an der Ausbildung innerhalb einer geschlossenen Abteilung wenig Freude und Begeisterung.

In diesen Jahren gab ein Mann der deutschen Reiterei neue Impulse: Dr. h. c. Gustav Rau. Er schuf bereits nach dem Ersten Weltkrieg die ländlichen Reitervereine und erweckte sie nach dem Zweiten Weltkrieg zu neuem Leben und organisierte sie.

Die deutliche Neigung der Jugend wandte sich zunächst zur Einzelleistung in Dressur, Springen und Geländeritten. Zudem war der Reiter wegen des wirtschaftlichen Aufschwunges der 60er und 70er Jahre bereit, viel Geld für ein Pferd auszugeben. Und diese Errungenschaft wollte man natürlich auch vorzeigen und auf Turnieren herausbringen. Da blieb nur die Einzelleistung.

Große Verdienste erwarben sich deshalb einige Ausbilder, die den Reiternachwuchs mit Musikreiten als Neujahrsreiten, Faschingskostümreiten usw. wieder an gemeinsame Reiterlebnisse heranführten. Daß dieses Formationsreiten nicht ohne Kommando und gemeinsames Üben durchführbar war, sahen auch die eingefleischten Individualisten ein. Auf diese Weise erlebte das Musikreiten eine Renaissance, und es existiert heute wohl kaum ein Reitstall, in dem nicht zur Weihnachtszeit oder zu anderen Anlässen ein Musikreiten oder gar eine Quadrille einstudiert wird. So gehört das sonntägliche Musikreiten zur festen Einrichtung vieler Ställe und Vereine, meist in der Wintersaison.

Angeregt durch Besuche der Wiener Hofreitschule oder durch Fernsehübertragungen bekannter Schauquadrillen entstand bei manchem Reiter der Wunsch nach etwas »kultivierterem« Musikreiten, nach dem Aufbau einer Quadrille.

In den letzten Jahren wurden mehr und mehr Dressurprüfungen der höheren Klassen als Kür-Aufgabe mit eigener Musik ausgeschrieben, und einige wenige Vereine veranstalteten turniermäßig Wettkämpfe für Quadrillen. Diese Quadrillen-Wettkämpfe erfreuen sich zunehmender Beliebtheit auch beim Publikum, sie wurden bereits regional vom Fernsehen ausgestrahlt. Da für diese Wettkämpfe keine LPO-Anweisungen bestehen (außer die allgemein gehaltenen §§ 130, 131, 132), wurden mancherorts bereits Richtverfahren und Bewertungsbogen entworfen und mit Erfolg praktiziert. So besteht zum Beispiel im Landesverband Hamburg seit Jahren ein »Arbeitskreis Quadrille-Wettkampf«, dem Vereinsvorsitzende, Quadrille-Leiter und Richter angehören und der sich Richtlinien und Bewertungsbogen erarbeitet hat. Besonders zu begrüßen ist es, daß hier ein Richterteam heranwächst, das sich intensiv mit dieser neuen Wettkampfart befaßt und mit Erfolg richtet.

Eine Aufwertung der Einzelkür mit Musik – oft belächeltes Stiefkind der Dressur – geschieht mit dem neu geschaffenen »World Cup Dressage«, der 1985 erstmals ausgeschrieben wurde. Hierbei müssen eine Pflichtprüfung auf Grand-Prix-Niveau und eine Kürprüfung geritten werden, wobei die Kürprüfung 50 % höher bewertet wird. Das Finale fand im Frühjahr 1986 in den Niederlanden statt. Aus einem »Pausenfüller« der letzten Jahre entwickelte sich endlich die Vollendung in der Reitkunst:

Der Tanz des Pferdes nach klassischer Musik.

Vom Musikreiten zur Quadrille

Zu Beginn soll festgestellt werden, daß es sich nicht um Musikreiten handelt, wenn eine Abteilung in der Bahn nach Kommando und eingeschaltetem Rundfunkgerät, aus dem Schlagermusik und Verkehrsnachrichten tönen, reitet.

Ich setze voraus, daß der Leser dieser Schrift sich bereits mit Musikreiten befaßt hat und den nächsten Schritt nach vorn tun möchte.

Mancher Reiter gebraucht das Wort *Quadrille* für eine Abteilung, die mit schwarzer Jacke und Reitkappe nach Musik bzw. mit Musik reitet, doch oft handelt es sich dabei nicht um eine Quadrille, sondern um Musikreiten.

Zur Quadrille wird das Musikreiten nicht durch die Reitjacke und die weiße Turnierhose, nicht durch Zylinder, Kandare oder den Reitstock mit Silberknauf, sondern durch andere Kriterien.

Die Quadrille ist unter drei Kriterien zu sehen:

1. Das dressurmäßige Reiten

Die Quadrille soll auf der Basis dressurmäßiger Anforderungen nach der LPO und den »Richtlinien für Reiten und Fahren« der FN aufgebaut sein. Das Können der Reiter (Sitz und Einwirkung) und der Ausbildungsstand der Pferde (Durchlässigkeit, Schwung, Versammlung) bestimmen die jeweilige Dressurklasse. Soll die Quadrille auf einem Quadrillen-Wettkampf vorgestellt werden, dann müssen die Lektionen der jeweiligen Klasse des Aufgabenheftes entsprechen. Die Quadrille lebt aus der Frische der Vorwärtsbewegung, deshalb sollten Halten und Standfiguren aller Reiter gleichzeitig vermieden werden.

2. Das Schaubild

Hierunter verstehen wir das Zusammenpassen der Pferde, das Herausbringen der Abteilung, die Schwierigkeit der Figuren, das Gleichmaß der Bewegung, die Choreographie, die Übereinstimmung mit der Musik. Der Choreographie und künstlerischen Gestaltung sind freier Raum gelassen, ein synchroner Figurenablauf muß aber erkennbar sein.

Der Anzug der Reiter – bei öffentlichen Vorführungen – sollte zur reiterlichen Leistung in einem passenden Verhältnis stehen. Eine Quadrille auf ausgebundenen Pferden, geritten von Reitern mit Zylinder auf dem Kopf und der Unfähigkeit, eine A-Dressur zu reiten, wird leicht zur Harlekinade. Wer nicht wirklich kandarenreif ist, der sollte den Zylinder lieber zu Hause im Kleiderschrank lassen; das gilt auch für Quadrillenreiter.

3. Die Musik

Beim *Musikreiten* dient die Musik als Untermalung; eine lustige Polka, ein flotter Marsch bringen fröhliche Stimmung und regen oft auch das Temperament der Pferde an.

Bei der *Quadrille* gehört die Musik zum wesentlichen Bestandteil; sie muß zum Bewegungsablauf passen und bestimmt die gesamte Atmosphäre. Die Musik muß tragendes Element des Geschehens sein und fügt das optische und akustische Erlebnis zu einer Einheit zusammen.

Die Auswahl der Pferde und Reiter

Die Pferde

Gehen wir davon aus, daß die ideale Quadrille für kleine und mittlere Ställe aus acht Pferden besteht. Acht Schulpferde, einigermaßen rittig und durchlässig, bilden eine gute Grundlage bis Klasse A. Durch gemeinsame Arbeit und eventuell gemeinsamen Stall sind sie aneinander gewöhnt und verträglich. Bei Klasse E könnte man sie unter Umständen sogar mit Hilfszügel gehen lassen. Erste Bedingung muß sein, daß sich die Pferde vertragen. Schläger und beißende Pferde sind nicht geeignet, und im Zweifelsfall sollte man einem etwas schwunglosen, aber verläßlichen Pferd den Vorzug geben vor einem Pferd mit viel Schwung, das aber im entscheidenden Moment die Nerven verliert.

Die Reiter

Auch bei der Auswahl der zur Verfügung stehenden Reiter setze ich einige Erfahrung voraus. Trotzdem scheint es mir wichtig, auf einige Punkte besonders hinzuweisen.

Abb. 4: Rasante Springquadrille. Reitsportverein St. Hubertus, Obrighoven/Niederrhein (Foto: W. Menzendorf)

Jede Quadrille ist so gut wie ihr schlechtester Reiter. Ferner werden Reiter mit Schwierigkeiten beim Unterordnen, mit mangelhaftem Gemeinschaftsempfinden, Schlafmützen und notorische Besserwisser und Diskutierer in einer Quadrille immer Störfaktoren sein. Man muß sich seine Reiter gut aussuchen, mit denen man etwas »auf die Beine« stellen will (*Abb. 4*).

Als Grundsatz sollte gelten, daß die Reiter einer A-Quadrille auch reif für eine A-Dressur sein müssen, und Reiter einer L-Quadrille turniermäßig L-Erfahrungen mitbringen sollten. Gerade beim Quadrillereiten erlebt man immer wieder einen großen Widerspruch zwischen Wunschbild und wirklichem reiterlichen Können, und es gibt nicht wenige Reiter, die den bloßen Besitz eines Zylinders und einer Kandare gleichsetzen mit ihrer L-Reife.

Bei Waldemar Seunig, dem alten verehrten Obristen und Humanisten, entdeckte ich den Satz: »Wirkliche Kandarenreife bei Pferden und Reitern findet sich seltener, als man gemeinhin glaubt – sie soll mindestens als ein ehrlich erworbener Gesellenbrief gelten.« (WALDEMAR SEUNIG, 1980: Von der Koppel zur Kapriole. Die Ausbildung des Reitpferdes. 15. Tsd. Frankfurt/M.: Wolfgang Krüger).

Diese Worte sollte man in der heute leider abgewerteten Reitkunst viel schwerer bewerten als zu damaliger Zeit (1941).

Wenn die Pferde und die Reiter ausgwählt sind, folgt die weitere Planung. Grundsätzlich gilt für den Anfang:

Lieber einfache Figuren und die korrekt geritten als zu viel gewagt.

Zeitdauer und Lektionen

Die Zeitdauer

Die Vorführungsdauer einer Quadrille sollte zwischen 10 und 15 Minuten liegen. Längere Zeiten wirken auf die Zuschauer ermüdend. Die ideale Zeit beträgt etwa 12 Minuten.

Die Lektionen

Selbstverständlich bestimmen der Ausbildungszustand der zur Verfügung stehenden Reiter und Pferde die obere Grenze der Klasse und den Schwierigkeitsgrad der Figuren. Ist beabsichtigt, die Quadrille turniermäßig vorzustellen, so hält man sich an die entsprechenden Lektionen des Aufgabenheftes der einzelnen Klassen, oder man erkundigt sich beim Veranstalter, falls in der Ausschreibung nähere Angaben fehlen.

Die Musik

Bevor wir uns bei der Planung für eine Quadrille weitere Gedanken machen, müssen wir zum eigentlichen Thema kommen, zur Quadrillenmusik. Wie wir festgestellt haben, darf die Musik in ihrer Bedeutung auf keinen Fall unterschätzt werden. Sie ist es, die die Reiter, Pferde und Zuschauer einstimmt und vom ersten Takt an die Atmosphäre festlegt.

Soll die Quadrille zu einem bestimmten Anlaß vorgeführt werden, dann muß die Art der Musik dazu passen. So würde sich zum Beispiel zu einer Neujahrsquadrille Musik von JOHANN STRAUSS anbieten, zur Faschingsquadrille OFFENBACH, Old-time-jazz, Ragtime, und zu einer festlichen Veranstaltung beispielsweise MOZART, BEETHOVEN, HÄNDEL. Auch der Schwierigkeit der Lektionen muß die Musik angepaßt sein. So sollte man beim ersten Quadrille-Versuch in Anlehnung an eine E-Dressur, eventuell mit noch nicht ganz einwandfrei sitzenden Reitern, nicht nach einer BEETHOVEN-Sinfonie reiten.

Die Qualität der Vorstellung und der Musik muß auch im Einklang stehen mit der Umgebung (Halle, Fahnen, Blumendekoration, Publikum). Eine S-Quadrille in der Deutschlandhalle in Berlin lebt von anderer Musik als der erste E-Quadrille-Versuch in Treuenbriezen. Es muß neben dem reiterlichen Rüstzeug eine ganze Portion Gespür, Einfühlungsvermögen und auch Phantasie vorhanden sein. Daraus ergibt sich auch die Qualifikation des Quadrille-Leiters: Eine gelungene Mischung aus Reitlehrer, Musiker, Ballettmeister und Psychologe.

Bei allen Planungen für Quadrillen sollte nicht vergessen werden, daß die klassische Quadrille ein galanter Tanz bei Hofe gewesen ist. Auch das Ballett zeigt uns getanzte Musik, harmonischen und figurenreichen Bewegungsablauf zu Musik. Das Ballett muß das geistige Vorbild darstellen, auch wenn diese Auffassung etwas überspitzt klingen mag. Unsere Quadrillen sehe ich als eine Art von Ballett für Pferde nach dem Vorbild der berühmten Quadrille der Wiener Hofreitschule oder der fast legendären Quadrille der Kavallerieschule Hannover.

Pferde und Reiter unserer Quadrille stehen fest, die obere Grenze des Schwierigkeitsgrades ebenfalls, machen wir uns nun auf die Suche nach der Musik.

Zwei Wege können beschritten werden:

a) Entweder wir entwerfen zuerst Lektionen und Figuren und suchen anschließend die Musik. Dieser Weg ist nicht zu empfehlen, weil wir die Musikstücke dann eventuell abbrechen oder verändern müssen.
b) Beim zweiten Weg suchen wir zuerst die passende Musik nach Atmosphäre und Länge und bauen die reiterliche Arbeit in die Musik hinein. Diese Lösung erfordert wohl mehr Zeitaufwand und Planungsarbeit, läßt aber auch der gesamten Choreographie mehr Gestaltungsmöglichkeit.

Die passende Musik

Wie wir bereits gesehen haben, vermittelt die Art der Musik die gesamte Atmosphäre. Sie darf nicht Geräuschkulisse, sondern muß tragendes Element des Geschehens sein, sie muß die Reiter inspirieren und die Zuschauer auch zum Zuhörer machen, sie begeistern. Die Musik muß *zünden*, rhythmisch und melodisch interessant sein und angenehm ins Ohr gehen.

Unseren Reitern muß es »über den Rücken laufen«, wenn sie »ihre« Quadrille-Musik hören. Das akustische und optische Erlebnis muß für die Zuschauer zu einer Einheit werden und sie in eine Art Kollektiv-Trance versetzen. Aus der Harmonie für Auge und Ohr muß eine geistige Harmonie entstehen.

Takt und Rhythmus

Bei den weiteren Betrachtungen über Musik werden wir auf zwei Begriffe stoßen, die zunächst etwas näher beleuchtet werden müssen: Takt und Rhythmus.

Unter Takt, als musikalischen Begriff, verstehen wir die Maßeinheit eines Musikstükkes, den äußeren Rahmen, in einer exakten, immer wiederkehrenden Zeitspanne. Innerhalb eines Taktes unterscheiden wir den betonten und den unbetonten Taktteil. Der Takt kann zweiteilig oder dreiteilig sein, wobei der erste »Schlag« immer der betonte Teil ist.

Das Metronom, ein Gerät zum Zählen des musikalischen Zeitmaßes, gibt die Schläge pro Minute an.

Unter Rhythmus, musikalisch definiert, verstehen wir das Zeitverhältnis der einzelnen Töne zueinander im Takt (lang-kurz) sowie das Verhältnis zwischen der Betonung (leicht-schwer).

In der Reiterei verstehen wir unter Takt und Rhythmus das gleiche wie der Musiker. Takt ist das exakt geregelte Zeitmaß der Tritte oder Sprünge.

Unter Rhythmus verstehen wir den Bewegungsrhythmus, den Bewegungsablauf innerhalb eines Taktes.

Das Pferd geht im Schritt einen Viertakt, ist dieser Bewegungsrhythmus innerhalb eines Taktes gestört, nicht präzise gleichmäßig (paßartig), so handelt es sich hier um einen gestörten Rhythmus, obwohl wir Reiter dann gerne von einem »Taktfehler« sprechen.

Vom Takt wissen wir als Reiter, daß der Schritt ein Viertakt, der Trab ein Zweitakt und der Galopp ein Dreitakt ist.

Dies nehmen wir akustisch exakt wahr, wenn wir ein Pferd auf festem Boden (Asphalt) gehen lassen.

Unsere Aufgabe besteht darin, die Musik dem jeweiligen Takt der Pferde anzupassen. Das immer wieder gehörte Erlebnis im Zirkus, die Pferde hätten genau im Takte der Musik getreten, ist deshalb ein Trugschluß, weil die Musik sich dem Takt der Pferde angeglichen hat.

Natürlich besteht in einer Quadrille die Wunschvorstellung, daß sämtliche Pferde in allen Gangarten im gleichen Takt treten, aber dies wird in den meisten Fällen nicht möglich sein. So ermitteln wir den Schnitt der Tritte, noch besser die Trittzahl der Tetenpferde, da diese zuerst im Blickfeld liegen. Das Ergebnis wird in *Tab. 1* aufgeführt.

Tab. 1

Schritt	Schritte pro Minute		100–115
Trab	Tritte pro Minute	Arbeitstempo	156–168
		versammeltes Tempo	148–156
Galopp	Sprünge pro Minute	Arbeitstempo	100
		versammeltes Tempo	90

Wir benötigen also Musikstücke, die mit etwas Toleranz in diesen Werten liegen. Enttäuschungen werden nicht ausbleiben, wenn sich beim Anhören von Melodien, die man bereits in der Vorstellung oder Erinnerung ideal fand, herausstellt, daß etwa die Zahl der Trabtritte 185 und der Galoppmusik nur 70 Sprünge beträgt.

Geringe Differenzen lassen sich mit den an den meisten Plattenspielern befindlichen Geschwindigkeitsreglern ausgleichen, doch sind hier Grenzen gesetzt, beim Langsamerwerden fangen die Töne oft an zu »leiern«.

Ich habe die Erfahrung gemacht, daß es erträglicher ist, wenn die Musik etwas schneller läuft als die Pferde treten, als umgekehrt. Ein lustiger SUPPE, ein spritziger OFFENBACH, schneller als die Tritte, macht große Freude, ja, erhöht sogar den Schwung der Pferde. Es gilt aber, bei der Trittzahl nicht zu kleinlich zu sein. Auch hier muß das Gespür entscheiden. Spritzige, spannungsreiche Melodien vertragen etwas schnelleres Tempo, klassische, tänzerische, feierliche Melodien vertragen gern etwas Verzögerung.

Die Schrittarbeit

Sie sollte unbedingt in einem dem Gang angepaßten Takt erfolgen, das heißt 100–116 Schritte pro Minute.

Der Trab

Bei der Musik für die Trabarbeit brauchen wir uns nicht unbedingt auf eine Musik mit akzentuiertem Zweitakt festzulegen wie zum Beispiel bei der allbekannten Amboß-Polka. Diese besitzt einen präzis hämmernden Trabrhythmus 1-2-1-2-1-2. Jedoch wollen wir festhalten, daß gerade die Polka in jeglicher Form als Trabmusik geeignet ist, vor allen Dingen mit dem meist für uns passenden Zeitmaß um die 160 Schläge.

Ausgezeichnete Trabmusik werden wir aber auch entdecken, wenn wir uns einmal im Dreivierteltakt umschauen. Nur müssen wir dabei darauf achten, daß diese Melodien nicht allzu stark auf dem ersten Viertel des Taktes betont sind. Der Holzschuhtanz aus »Zar und Zimmermann« von LORTZING kann hier als Beispiel stehen, es sind alle drei Schläge des Taktes fast gleich stark betont. So gibt es viele Beispiele für Musik im Dreivierteltakt, die zur Trabmusik geeignet sind, nur müssen die drei Schläge zum Trabrhythmus stimmen.

Ein Dreivierteltakt mit der Metronomzahl 52 ergibt 156 Trabtritte; zählen Sie also bei der Suche nach Trabmusik im Dreivierteltakt die Schläge auf »1« aus und multiplizieren Sie dann mit drei. Ein »60er« Walzertakt ergibt 180 Trabtritte.

Vor allen Dingen in den anspruchsvolleren Vorstellungen der höheren Klassen als Einzelkür, Pas de deux oder Viererquadrille sollten die hämmernden Trabrhythmen nach Art der bereits erwähnten Amboß-Polka möglichst nicht verwendet werden. Gerade hier eignet sich ein tänzerischer Dreivierteltakt mit ausgezählten 150–160 Tritten sehr gut.

Der Galopp

Für die Galoppmusik bietet sich natürlich ein Dreivierteltakt an, der Walzer, nur muß eben das Zeitmaß stimmen. Die meisten schönen Konzertwalzer stehen leider mit 60–80 Sprüngen für unsere Arbeit in einem zu langsamen Tempo, da wir Tempo 90–100 benötigen. Liegt das Tempo unterhalb von 60 Sprüngen, dann sollten wir prüfen, ob wir diesen Walzer dann nicht für Trabarbeit verwenden können.

Noch ein paar Worte zum Walzertakt allgemein. Wir müssen hier zwei Gruppen unterscheiden. Der Walzer hat ja als Vorfahren den alten Deutschen »Dreher«, den schnellen Drehwalzer, zum Beispiel den »Schneewalzer«, der allgemein bekannt sein dürfte. Diese Form des monotonen Drehers mit seinem gleichförmigen rum, da, da – rum, da, da eignet sich nicht besonders für unsere Arbeit.

Ihm gegenüber steht der Konzertwalzer und der sinfonische Walzer aus der Opern-

und Ballettmusik. Dies zweite Form des Walzers entwickelt mehr Dynamik und besitzt graziös-tänzerische Elemente.

Eine dritte Form des Dreivierteltaktes finden wir im Menuett. Dieses steht meist in langsamerem Zeitmaß als der Walzer und besitzt, da diese Tanzform ein Schreiten ist, einen mehr gleichmäßig betonten Rhythmus der drei Schläge. Das Menuett, obwohl Dreitakt, eignet sich gut für die Trabarbeit. Wir finden es fast ausnahmslos in der klassischen Musik (beispielsweise in Sinfonien).

In einer Quadrille von hohen Ansprüchen gibt es wohl kaum etwas Schöneres als einen eleganten, ins Ohr gehenden und zum erhabenen Sprung anregenden Konzertwalzer. Zum Beispiel:

GOUNOD	Faust-Walzer aus »Margarethe«,
WEBER	Aufforderung zum Tanz.

Achten Sie aber darauf, daß das Zeitmaß mit 90–100 Sprüngen einigermaßen stimmt.

Sehr gut für die Galopparbeit eignet sich auch ein Vierviertel- oder Dreivierteltakt mit etwa folgendem Grundrhythmus:

Diesen Rhythmus findet man oft bei AUBER, aus dessen Schaffen gute Galoppmusik vorhanden ist, zum Beispiel in »Fra Diavolo«, »Die Stumme von Portici«, »Der schwarze Domino« usw.

Herrscht beim Konzertwalzer das tänzerische Element vor, so finden wir im letzten Beispiel eine außerordentlich interessante rhythmische Darstellung. Es handelt sich dabei um den gleichen Rhythmus, der in den alten Galoppmärschen vorzugsweise Verwendung fand.

Bei dieser Gelegenheit soll kurz auf die Frage eingegangen werden, auf welchem Fuß beim Dreischlag des Galoppes die Betonung der Musik liegen soll. Ich meine, wir sollten bei unserer Arbeit zufrieden sein, wenn wir den zum Dreischlag des Galoppes passenden Musikrhythmus, noch dazu im richtigen Zeitmaß der Sprünge, gefunden haben. Da zudem mehrere Pferde unterschiedlich springen, sollten wir dies Thema nicht überbewerten. Der Einzelreiter einer S-Kür wird sich nach Belieben mit diesen letzten Feinheiten befassen, die auch in der Dressur-Literatur mehrfach zur Sprache kommen.

Bevor wir weitere Betrachtungen über die Auswahl der Musik anstellen, müssen wir uns mit dem groben Rahmen einer Quadrille sowie mit ein paar technischen Dingen befassen.

Der Einritt bzw. der Aufmarsch mit Gruß

Der Beginn einer Quadrille läßt zwei Möglichkeiten zu. Entweder die Reiter befinden sich außerhalb des Viereckes und reiten in Formation zu einem oder paarweise ein oder sie befinden sich bereits im Viereck und formieren sich dort zur Anfangsaufstellung. Wirkungsvoller gestaltet sich der Einritt von außen, trägt aber das Risiko der fremden Umgebung in sich. Das Formieren im Viereck schließt dieses Risiko aus.

Die Anfangsaufstellung mit Gruß im Halten als Front, Keil, Halbkreis usw. stellt die gebräuchlichste Lösung dar.

Den Einritt über die Mittellinie zu einem oder paarweise mit Gruß auf der Mittellinie in der Bewegung würde ich bei Quadrillen ab Kl. L empfehlen. In den höheren Klassen sollte dieser Einritt sogar im Trab oder Galopp erfolgen. Es versteht sich von selbst, daß die Grußaufstellung grundsätzlich mit Front zu den Richtern oder zur Tribüne erfolgt. Für diese beiden Möglichkeiten des Grußes benötigen wir einen unterschiedlichen Musikablauf. Beim Einmarsch zum Gruß im Halten brauchen wir ein Musikstück von ca. 1 min Länge. Da es kaum Stücke dieser Kürze gibt, müssen wir uns aus einem geeigneten Stück das letzte Thema mit Schluß herausschneiden, dabei aber beachten, daß die Musik mit einem Schlußakkord für den Gruß schließt.

Beispiele:

HÄNDEL	»Wassermusik« oder »Feuerwerksmusik«,
VERDI	Triumpfmarsch aus »Aida«,
SUPPÉ	Anfangstakte zur Ouvertüre »Leichte Kavallerie«.

Wenn wir den Einritt über die Mittellinie mit Gruß in der Bewegung erwägen, wählen wir ein Musikstück – oder einen Teil eines Stückes – in der Länge, die wir bis zum Wechsel in die nächste Gangart benötigen.

Beim Schritt-Einmarsch sollte diese Schrittphase nicht länger als zwei Minuten dauern. Den Schlußakkord, wie im ersten Fall, benötigen wir hierbei nicht.

Die Umwandlung von Spielzeit in Meter

Wir wollen zunächst einmal als Beispiel den Rahmen einer leichten Quadrille der Klasse E oder A entwerfen, nachdem wir uns für folgende Gangarten entschlossen haben:

Schritt – Trab – Galopp – Trab mit Schlußaufmarsch.

Die einfachste Lösung würde folgendermaßen aussehen: Wir besorgen uns eine im Handel befindliche Schallplatte mit Reitermärschen, zum Beispiel Ariola-Eurodisc 218 271, wählen die Stücke, die wir benutzen wollen, und stoppen die Spieldauer mit der Stoppuhr. Auf den meisten Schallplatten befinden sich Hinweise über die Spieldauer. Jetzt müssen wir erst einmal feststellen, welche Figuren wir in diesen Spielzeiten unterbringen können. Dazu stoppen wir die Zeit für ganze Bahn, Zirkel und Volte in allen drei Gangarten und werden dabei auf etwa folgende Mittelwerte (*Tab. 2*) kommen.

Die Volten werden in den unteren Klassen am besten bis zur Mittellinie geritten.

Angenommen, unser Schrittmarsch läuft 2 min 10 sec, das sind 130 Sekunden, dann können wir 260 m Schrittlektionen reiten.

Nach dem gleichen Beispiel verfahren wir mit den Trab- und Galopplektionen.

Beim Übergang von einer Gangart in die andere sollte möglichst eine einfache Figur (ganze Bahn oder Zirkel) eingebaut werden, um Zeitdifferenzen auszugleichen. Die Pferde sollen ja zu Beginn der Trabmusik beispielsweise mit dem ersten Trabtakt antraben.

Beim Schlußaufmarsch verfahren wir ebenso, d. h. kurz vor dem Aufmarsch müssen wir eine alternative Figur einüben und bereithaben. Welche der Schlußfiguren geritten wird, entscheidet sich dann ganz kurzfristig. Jedenfalls sollte, und das ist von entscheidender Bedeutung, der Gruß mit dem letzten Akkord der Musik erfolgen.

Obiger Aufbau bildet den Rahmen aller Arbeit: Planen der Schwierigkeitsgrade, der Gangarten, das Finden der passenden Musik und dann das Hineinarbeiten der Figuren in die Laufzeit der Musik.

Tab. 2

		ganze Bahn	Zirkel	Volte
Schritt	Sekunden	60	35	20
Trab	Sekunden	35	20	10
Galopp	Sekunden	25	14	7

das heißt, wir benötigen im

Schritt	Sekunden	60 (120 m)	35 (63 m)	20 (30 m)

Die verschiedenen Musikgattungen

Musikalität kann man nicht erlernen, sie wird in die Wiege gelegt.

Je mehr Musikalität und Einfühlungsvermögen der Ausbilder einer Quadrille besitzt, desto leichter wird ihm die Auswahl seiner Musik fallen, oder besser gesagt, desto gelungener wird das Ergebnis sein. Fehlt ihm diese Gabe, so ist zu empfehlen, daß er sich einen Berater mit diesen Fähigkeiten sucht. Weiterhin benötigt man große Kenntnisse in der entsprechenden Musikliteratur und als gutes Hilfsmittel natürlich eine ganze Menge Schallplatten.

Wollen wir in einer Quadrille mehrere Musikstücke zusammenfügen, dann muß als Grundsatz gelten, daß diese in ihrer Art, also in Atmosphäre und Instrumentierung, zusammenpassen. Nicht kombinieren sollte man zum Beispiel:

- ❑ Großes Sinfonieorchester und zarte Klaviermusik,
- ❑ Klassiker und Jazz,
- ❑ BACH und STRAWINSKY,

um einige drastische Beispiele zu nennen.

In unserem ersten Quadrille-Beispiel im Kapitel »Die Umwandlung von Spielzeit in Meter« benutzten wir nur Reitermärsche.

Miteinander verbinden lassen sich natürlich auch verschiedene Komponisten, nur muß die Atmosphäre der Stücke zusammenpassen.

Märsche und Polkas

Eine Fülle rhythmisch und melodisch für unsere Zwecke brauchbarer Melodien finden wir in der Zeit der »Goldenen Wiener Operette«. Hier darf ohne Frage miteinander verbunden werden: STRAUß, LANNER, ZIERER, SUPPÉ, MILLÖCKER, HELMESBERGER.

JOHANN STRAUSS der Ältere hinterließ über 250 Werke.

JOHANN STRAUSS der Jüngere, aufgewachsen in der Atmosphäre des biedermeierlichen Wiens, setzte den Werken des alten STRAUSS das Doppelte an Kompositionen entgegen mit dem Kaiserwalzer als schon sinfonischer Frucht. RICHARD WAGNER nannte STRAUSS d. J. den »musikalischsten Schädel« des 19. Jahrhunderts. JOSEF und EDUARD STRAUSS runden das Bild der Wiener Zeit ab.

Eine große Zahl von Märschen, Walzern und Polkas bietet sich uns geradezu an.

Polkas: Annen-, Tritsch-Tratsch-, Bauern-, Blitz und Donner-Polka usw. Was liegt näher, als eine STRAUSS-Quadrille zu machen (*Tab. 3*).

Dieses Beispiel einer Ideal-Quadrille steht für viele und, als hätte STRAUSS es geahnt, der Polka-Trabrhythmus paßt mit etwa 160 Schlägen genau für unsere Arbeit. Wir sind ihm zu Dank verpflichtet, dem alten Walzerkönig.

Bei der Verwendung von Märschen möchte ich noch auf einen Unterschied zwischen österreichischen und preußischen Märschen hinweisen. Die österreichischen Märsche, auch die Militärmärsche, geben sich nicht so zackig, eckig wie die preußischen Märsche. Sie erscheinen tänzerischer und strahlen mehr Nonchalance aus, hauptsächlich dann, wenn sie auch von Österreichern gespielt werden (Hoch- und Deutschmeister, Tiroler Regimentsmusik, Zeller Bürgermusik usw.).

Tab. 3

		Laufzeit
Schritteinmarsch	Einzugsmarsch aus dem »Zigeunerbaron	2 min 40 s
Trab	»Annenpolka«	4 min
	»Tritsch-Tratsch-Polka«	2 min 40 s
Galopp mit Schlußaufstellung	»An der schönen blauen Donau«	3 min 15 s
		12 min 35 s
Schritt-Ausmarsch mit dem Radetzky-Marsch		

Ballettmusik

Bei der Ballettmusik unterscheiden wir zwei Gruppen.

Das eigentliche Ballett als Musiktheater, hier wird die gesamte Handlung nur getanzt ohne Chor und Gesangssolisten. Man nennt diese Form Handlungsballett. Berühmter Vertreter dieser Gruppe, die zumeist Märchenballette darstellt, ist zum Beispiel der Russe TSCHAIKOWSKY mit den Balletten »Schwanensee«, »Nußknacker« und »Dornröschen«.

Die andere Gattung betrifft Balletteinlagen aus Opern. Diese Art Ballettmusik verdanken wir hauptsächlich den Franzosen. Die italienischen Opernkomponisten der Romantik – ROSSINI, BELLINI, DONIZETTI – schufen in ihren Werken nur selten Balletteinlagen. Ganz anders gibt sich dagegen die französische Oper, in der bereits im Barock die Ballettkunst zum Bestandteil der Oper gehörte. Wer für die französische Metropole Opern schrieb, mußte sich nach den Hausgesetzen richten. Das französische Publikum erwartete in jeder Oper ein Ballett, das allerdings erst im dritten Akt getanzt wurde, da viele Theaterbesucher üblicherweise zu spät die Vorstellung aufsuchten. Das Ballett galt als Höhepunkt des gesamten Abends. So legten italienische Komponisten ausgedehnte Ballettmusik in ihre Opern ein, die sie für Paris schrieben, oder komponierten die Ballettmusik später für die französiche Aufführung nach. Dieser Zeit und diesem Brauch verdanken wir viele schöne, für uns brauchbare Ballettmusik, die wir meist im dritten Akt finden. Auf der Suche für unsere Verwendung werden wir allerdings leider immer wieder feststellen, daß die einzelnen Szenen verhältnismäßig kurze Spielzeiten haben. Hier gilt es, passende Teile zusammenzufügen.

Schöne Ballettmusik finden wir hauptsächlich bei folgenden Komponisten: DONIZETTI, TSCHAIKOWSKY, VERDI.

Sinfonische Musik

Dieses Wort klingt für viele Menschen, die sich nie oder nur wenig mit klassischer Musik befaßt haben, oft etwas »spinnerig«, überheblich. Man denkt dabei an die Kinder aus »besseren Häusern«, die zum Klavierunterricht gehen, oder an die »Spinner« mit dem Geigenkasten unter dem Arm. Sie glauben nicht, wie oft ich dem Spott gewisser Kreise ausgesetzt war, als ich vor Jahren begann, meine Quadrillen-Musik in der Sparte der Opern- und Ballettmusik zu suchen. Bitte, falls Sie sich noch nicht mit dieser Musik befaßt haben sollten, legen Sie Vorurteile ab und nehmen Sie sich die Zeit, wenigstens in diese Musik einmal hineinzuhören. Auch Ballettmusik gehört zur klassischen, sinfonischen Musik und wird von Menschen, die sich nie mit klassischer Musik auseinandergesetzt haben, gern gehört.

Wie Reitfrack und Zylinder zu einer S-Dressur gehören oder der festliche Damenzylinder bereits zur L-Dressur, gehört zur Quadrille der gehobeneren Klassen eben die klassische Musikform.

Zunächst wollen wir aber zur Erläuterung einige nähere Betrachtungen über Sinfonien anstellen.

Mit Sinfonie bezeichnen wir ein Orchesterwerk von drei oder vier Sätzen, gewöhnlich in der Folge: Langsamer erster Satz, tänzerischer Mittelsatz, meist in Menuettform, schneller Schlußsatz.

Unter den Sinfonien ragen die Werke von BEETHOVEN, HAYDN und MOZART besonders hervor. Und diese Sinfonien sind es auch, mit denen wir uns hauptsächlich befassen wollen. Als HAYDN im Jahre 1809 77jährig starb, hinterließ er neben einer großen Zahl von kammermusikalischen Werken 104 Sinfonien. MOZART schuf 46 Sinfonien. Uns steht allein von diesen beiden Meistern eine gewaltige Auswahl zur Verfügung.

Für Quadrillen der Kl. E würde ich Musik aus Sinfonien nicht verwenden, aber bereits ab Kl. A sollte man sich damit befassen. Interessant finde ich immer wieder die im 3/4-Takt stehenden Menuette, die im Zeitmaß oft für unsere Trabarbeit geeignet sind. Folgende sinfonische Musik sollten Sie auf Brauchbarkeit für Ihre Zwecke überprüfen (s. *Tab. 4*).

Diese wenigen Beispiele sollen zunächst nur eine Anregung sein, die zeigen soll, daß sinfonische Musik durchaus als Quadrillenmusik geeignet ist, nur muß das reiterliche Können auch entsprechend reif sein.

Bevor wir uns weiter in die Materie vertiefen, scheint es mir wichtig, einige grundlegende Dinge zu klären.

1. Die von mir angegebenen Tempi, zum Beispiel Trab 160, Galopp 100, stammen von den Schallplatten, die mir zur Verfügung standen. Da Dirigenten selbstverständlich unterschiedliche Auffassungen über die einzelnen Tempi entwickeln, müssen Sie Ihre eigenen Aufnahmen natürlich dahingehend prüfen und die Tempi auszählen.
2. Sind Sie gezwungen, mehrere Musikstücke zusammenzufügen, dann dürfen Sie diese nicht gefühllos abbrechen. Die beste Wirkung wird erreicht, wenn Sie die musikalischen Phrasen ausklingen lassen. Ist dies nicht möglich, eventuell wegen zu langer Laufzeit oder unbrauchbarer Stellen, so kürzen Sie mit Gespür für den musi-

Tab. 4

BEETHOVEN	Sinfonie Nr. 3	1. und 3. Satz	
	Sinfonie Nr. 5	1. und 3. Satz	
	Sinfonie Nr. 8	1. und 2. Satz	
	Egmont-Ouvertüre		
HÄNDEL	Wassermusik		
	Feuerwerkmusik		
HAYDN	Sinfonie Nr. 93 D-Dur		
	Sinfonie Nr. 94 (»Mit dem Paukenschlag«)		
	Sinfonie Nr. 101 (»Die Uhr«)	Menuett	Trab 150
MOZART	Sinfonie Es-Dur KV 543	Menuett zur Trabarbeit	
	Haffner-Sinfonie KV 385	1. Satz Allegro	Trab 160
	Jupiter-Sinfonie KV 551	1. Satz	Trab 152
		2. Satz	Trab 162
		4. Satz	Galopp 120
	Marsch D-Dur KV 408,2		
	Hornkonzert D-Dur KV 412		

kalischen Gedanken, beispielsweise Wiederholungen, Generalpausen, ruhige auslaufende Passagen mit Schlußakkord. Nie dürfen Sie einen musikalischen Gedanken, eine Einheit, ein Thema zerreißen.

Schlager und Tanzmusik

Nachdem wir nun die für uns wichtigsten Kategorien behandelt haben: Reitermärsche, Polkas, Walzer, Ballettmusiken und Sinfonien, wollen wir uns noch der Gattung der modernen Bearbeitungen und der Schlagermusik zuwenden. Selbstverständlich können wir auch Schlager und Tanzmusik für unsere Zwecke verwenden, natürlich ohne Gesang. Hier bietet sich die im Vierviertel- oder Zweivierteltakt stehende als »Foxtrott« bezeichnete Tanzmusik sehr gut an. Ich erinnere an das »Spatzenkonzert« oder an den beliebten »Ententanz«, sie sind für Trabmusik vorzüglich geeignet, etwa für Quadrillen am Neujahrstag oder zum Faschingsreiten.

Auch tänzerische Bearbeitungen klassischer Komponisten sind zu verwenden. Hier ist als berühmter Vertreter CLAYDERMAN mit seinen träumerisch verspielten Melodien zu nennen.

Auch Oldtime-Jazz und Ragtime-Rhythmen können sehr gut geeignet sein. Nur, ich muß es immer wieder sagen, passen muß es eben, rhythmisch und auch von der Atmosphäre her, die ja mit der Musik geschaffen werden soll.

Haben Sie nun nach emsigem Suchen »Ihre« Musik gefunden und die Auswahl beendet, dann überspielen Sie diese auf ein Probeband und lassen danach reiten. Dabei werden Sie wahrscheinlich feststellen, daß einiges enttäuscht, anderes begeistert.

In der Halle hört sich manches anders an als zu Hause im Wohnzimmer. Auch zwischen Halle und Außenviereck gibt es unterschiedliche Klangwirkungen.

Möglicherweise müssen Sie weitersuchen, bis Sie Musik finden, die Ihren Vorstellungen entspricht, bis Sie in einer »Sternstunde« etwas entdecken und dabei fühlen: »Das entspricht genau meinen Vorstellungen, das wird meine Musik«.

Quadrillen mit einem durchlaufenden Musikstück

In all unseren bisherigen Betrachtungen sind wir davon ausgegangen, daß wir einzelne, zueinander passende Musikstücke für die drei Gangarten ausgewählt und zusammengefügt haben. Es gibt nun eine weitere Möglichkeit der Musikwahl. Wir suchen ein Musikstück, in dem alle drei Gangarten vorkommen und das wir im Original durchspielen können. Hier müssen wir allerdings auf einige Dinge achten. Die Spieldauer muß zwischen 10 und 15 Minuten liegen, die Gangarten dürfen nicht zu oft und zu schnell wechseln – und es darf nicht zu viel Schritt vorkommen. Große Auswahl steht in dieser Form nicht zur Verfügung, und doch kann man in dieser Gattung viel Schönes und vor allen Dingen Interessantes finden.

Vielleicht macht es sich hier und da notwendig, mit Geschick eine langweilige Stelle herauszunehmen. Ich finde, diese Gruppe der Originalkompositionen ist die glücklichste Form für Quadrillemusiken, da sich Musik und gerittene Figuren harmonisch verbinden können. In dieses Genre gehören in erster Linie Ouvertüren von Opern und Operetten, da diese in sich geschlossene Stücke bilden mit oft vorzüglich geeigneten Einritten und grandiosen, zu Beifall hinreißenden Schlußphasen.

Die Opern-Ouvertüre

Es sollen an dieser Stelle zunächst ein paar Worte zu den Opern-Ouvertüren gesagt werden.

Das 19. Jahrhundert gilt als die Epoche der »Großen Oper« mit dem Zentrum Paris. Hier lebten in der ersten Hälfte jenes Jahrhunderts viele bedeutende Musiker: AUBER, ADAM, ROSSINI, CHERUBINI, LISZT, BERLIOZ, CHOPIN, MEYERBEER, WAGNER, DONIZETTI, BELLINI, VERDI, BOIELDIEU, GOUNOD.

Es ist kaum vorstellbar, welch gewaltiger musikalischer Geist sich zu dieser Zeit in Paris konzentrierte. Alle genannten Namen stehen auch für brauchbare Ouvertüren für unsere Bedürfnisse. Allein von ADOLPH ADAM existieren 53 Opern, darunter »Postillon von Longjumeau«, »Nürnberger Puppe«, »König für einen Tag«.

Auf der Suche nach brauchbaren Werken empfehle ich, die Ouvertüren folgender Meister in die engere Wahl zu nehmen:

AUBER	»Der schwarze Domino«, »Die Stumme von Portici«, »Das eherne Pferd«, »Fra Diavolo«, »Die Krondiamanten«.
ADAM	»Die Nürnberger Puppe«.
ROSSINI	»Die Italienerin in Algier«, »Der Barbier von Sevilla«, »Die seidene Leiter«, »Die diebische Elster«, »Semiramis«.
MOZART	»Cosi fan tute«, »Die Entführung aus dem Serail«, »Die Hochzeit des Figaro«.

Die Operettenouvertüre
Die Pariser Operette

Gegen die Jahrhundertmitte begann der Siegeszug der Pariser Operette. Die Operetten-Ouvertüre ist gleichermaßen brauchbar wie die Opern-Ouvertüre, doch gibt sich die Operetten-Ouvertüre oft spritziger, ja frecher und frivoler und eignet sich für Quadrillen der Klassen E bis L sehr gut.

Der große Meister dieser Zeit heißt JACQUES OFFENBACH. Er schrieb Musik der überschäumenden Sinnesfreude und gilt als der »Erfinder« der Cancan-Rhythmen mit pikant frecher Moulin-rouge-Atmosphäre (Rüschenrock, schwarze Strümpfe mit knallrotem Band).

Von OFFENBACH ziehen wir folgende Ouvertüren in die engere Wahl: »Orpheus in der Unterwelt«, »Die Großherzogin von Gerolstein«, »Die schöne Helena«, »Ritter Blaubart«, »Pariser Leben«.

Die Wiener Operette

Ursprung der Wiener Operette ist die Alt-Wiener Biedermeier-Posse. Sie gibt sich zunächst gemütvoller, rührseliger als ihre Pariser Schwester. Doch in ihrer weiteren Entwicklung vereinigt sie das Völkergemisch aus heißblütiger ungarischer, balkanischer und slawischer Volksmusik.

Gleichzeitig mit OFFENBACH in Paris begann in Wien ein Name aufzuleuchten, der im letzten Drittel des Jahrhunderts am Wiener Operettenhimmel funkelte: FRANZ von SUPPÉ. Mit schmissigen, meisterhaft gearbeiteten Operetten zeichnete er die beginnende Linie der »klassischen« Wiener Operettenkunst.

Dieses goldene Zeitalter wird von einem weiteren Namen geprägt: JOHANN STRAUSS. Unser Interesse gilt vor allen Dingen aber SUPPÉ mit folgenden Ouvertüren:

»Die schöne Galathee«, »Dichter und Bauer«, »Leichte Kavallerie«, »Ein Morgen, ein

Mittag, ein Abend in Wien«, »Pique Dame«, »Flotte Bursche«, »Fatinitza«, »Boccaccio«.

Wir sollten aber auch, wenn wir Gelegenheit dazu finden, die große Zahl der weiteren Wiener Operetten-Ouvertüren überprüfen. Da steht an erster Stelle JOHANN STRAUSS mit der »Fledermaus«, dem »Zigeunerbaron«, mit »Wiener Blut« und einer »Nacht in Venedig«.

Weitere Meister der Wiener Operette sind:

ZELLER	»Der Vogelhändler«
MILLÖCKER	»Der arme Jonathan«, »Der Bettelstudent«, »Gasparone«
HELLMESBERGER	»Das Orakel« (bekannt sind seine »Ballszenen«)
ZIEHRER	»Die Landstreicher«
HEUBERGER	»Der Opernball«.
LANNER	hat einige schöne Walzer geschrieben.

In der Wiener Operette steckt noch viel Neuland, das es zu entdecken gilt.

Die Berliner Operette

Ich möchte dieses Thema nicht abschließen, ohne darauf hingewiesen zu haben, daß um die Jahrhundertwende aus der Berliner Lokal-Posse eine Berliner Operette erblühte. Sie erreichte nicht Größe und Glanz der Pariser und Wiener Zeit, aber sie besitzt durch ihre Volkstümlichkeit große Ausstrahlung bis in die 50er Jahre unseres Jahrhunderts. Angeführt wird die Garde der Berliner Operettenkomponisten von Meister PAUL LINKE, der von 1897–99 im Folies bergéres Kapellmeister war und etwas OFFENBACHschen Pfiff nach Berlin mitbrachte. »Frau Luna«, »Lysistrata« und »Grigri« sind seine bekanntesten Werke. WALTER KOLLO schrieb etwa 40 Operetten und traf den Berliner Ton am frischesten. Seine bekanntesten Werke heißen: »Der Juxbaron«, »Wie einst im Mai«, »Drei alte Schachteln«. Das Bild der Berliner Komponisten wird abgerundet mit GILBERT, JESSEL und KÜNNECKE.

Ich kann mir vorstellen, daß die Quadrillereiterei im Ausstrahlungsgebiet des Berliner Raumes gern auf diese Musik zurückgreifen wird, zumal sich hier volkstümliche Melodien geradezu anbieten:

»Glühwürmchen«	zum Trab
»Das ist die Berliner Luft«	Schrittmarsch
»Sportpalastwalzer«	im langsamen Tempo Trab
»Das war in Schöneberg«	Trab oder Galopp

Hier gibt es sicher noch weitere Beispiele.

Vom Wissen zum Können

Ein bekanntes Reiterwort sagt: »Reiten lernt man nur durch reiten, aber das Wissen muß dem Können immer vorausgehen.«

Ich habe in den vorangegangenen Kapiteln versucht, meinen Lesern ein wenig Wissen über Quadrillenmusik zu vermitteln.

Bevor wir uns mit der Übersicht der in Frage kommenden Musikstücke befassen, möchte ich es bei diesem Wissen allein nicht bewenden lassen, sondern wir wollen versuchen, uns gemeinsam eine Quadrillenmusik zu erarbeiten. Ich möchte vor allen Dingen den Weg zeigen, den ich in diesem Falle bei meiner bisherigen Arbeit gegangen bin. In unserem Beispiel soll eine frische, spritzige Musik für eine Quadrille der Kl. A gesucht werden. Auf einer Schallplatte mit Ouvertüren von OFFENBACH (Emi Electrola 1 C – 037-05 078) wählten wir »Die schöne Helena«. Unsere Handwerkzeuge Papier, Bleistift, Stoppuhr liegen bereit, die Arbeit kann beginnen. Zunächst fertigen wir uns auf einem großen Bogen ein Schema (*Tab. 5*) und starten die Platte.

Ohne Zweifel handelt es sich um eine herrliche Musik, verlockend, daraus etwas zu machen und interessant dazu, mit nicht zu viel Schritt und schöner Steigerung in die Schlußphase hinein. Wie wir die ruhigen Phasen ausbauen, darüber müssen wir nachdenken. Vielleicht mit Vorhandwendung aus der Bewegung heraus, vielleicht auch mit Viereck verkleinern/vergrößern im Schritt oder auch mit einer ruhigen Figur im Mittelzirkel.

Die Spieldauer liegt mit 8 min 45 s an der unteren Grenze, eventuell sollten wir noch eine Einmarschphase davorsetzen. Wir überprüfen unsere OFFENBACH-Platte noch einmal auf eine Ergänzung für unsere »Schöne Helena« und legen uns für jedes Werk ein Schema laut unserem Muster an. Nun müssen wir feststellen, daß zwar in allen Ouvertüren die Schlußphasen vorzüglich zu gebrauchen sind, sowie die Anfänge für

Tab. 5: Offenbach »Die schöne Helena«

min/s	Atmosphäre	geeignetes Tempo, Gangart	Spielzeit
0	guter Einmarsch	Schritt	
0 35	recht ruhig (zu ruhig?)		1.20
1 20	gut, dynamische Steigerung	Trab 180	1.35
2 55	tutti, hineinspringen	Galopp 90	0.50
3 45	Ruhephase ?		15
4	Tänzerischer Trab (Oboen)	Trab	50
4 50	forte!!	Trab	30
5 20	piano	Schritt oder Wendungen	40
6	Melodie, Thema dynamisch	Trab	40
6 40	Rhythmus!! weitere Steigerung	Trab!!	1
7 45	nochmalige Steigerung		20
8 05	furioso, höchster Punkt	Galopp 100	40
8 45	Schlußakkord mit Gruß		

den Einmarsch oder für die erste Schrittarbeit, aber die Mittelteile haben oftmals recht ruhige Stellen.

Im »Orpheus« eignen sich die letzten 3 min 35 s sehr gut, im »König Blaubart« herrscht zuviel Tempowechsel, hier bietet sich allerdings der Schritt-Anfang (ca. 1 min) an.

In »Pariser Leben« beginnt bei 2 min 20 s ein guter Schritt und bei 3 min 30 s ein 168er Trab mit dynamischer Steigerung bis zum Schlußakkord bei 4 min 45 s. Das wären 2 min 25 s, die gut zu verarbeiten sind.

An dieser Stelle reift mein Entschluß:

Tab. 6

Einmarsch mit »König Blaubart« zur Grußaufstellung	1 min
»Pariser Leben« von 2 min 20 s bis 4 min 45 s Schritt und Trab	2 min 25 s
»Helena« von 1 min 20 s bis zum Ende 8 min 45 s (den Anfang nehmen wir weg, da zu ruhig)	7 min 25 s
Gesamtzeit	10 min 50 s

Auf einem Probeband setzen wir diese drei Teile hintereinander, lassen zwischen den einzelnen Stücken ca. 2 s Pause und hören uns das Ganze an. Sind wir mit dem Ergebnis zufrieden, dann haben wir uns die musikalische Basis für unsere OFFENBACH-Quadrille fertiggestellt und legen uns einen neuen Bogen mit den veränderten Zeiten an.

Tab. 7

Einmarsch »König Blaubart«, Grußaufstellung				1 min
»Pariser Leben«				
2 min 20 s =	0 min	Abmarsch Schritt	Schritt	1 min 10 s
3 min 30 s =	1 min 10 s	Trab 168	Trab 168	1 min 15 s
4 min 45 s	2 min 25 s	Ende »Pariser Leben«		
»Schöne Helena«				
1 min 20 s	2 min 25 s	Trab 180	Trab 180	1 min 35 s
2 min 55 s	4 min	Tutti mit Steigerung	Galopp 90	50 s
3 min 45 s	4 min 50 s	Ruhephase		15 s
4 min	5 min 05s	tänzerischer Trab (Oboen)	Trab	50 s
4 min 50 s	5 min 55 s	forte, Melodieteil	Trab	30 s
	usw.			3 min 25 s
8 min 45 s	9 min 50 s	Schlußakkord mit Gruß		
		Spielzeit		9 min 50 s

Die Meditation

Für die folgende Phase unserer Arbeit finde ich keine andere Bezeichnung als das Wort »meditieren«. Es geht darum, in den nun feststehenden Musikablauf hinein unsere Figuren zu entwerfen, die Choreographie zu bauen. Dazu benötigen Sie innere Ruhe, Muße und Losgelassenheit.

Legen Sie sich Ihre Musik auf, hören Sie ganz entspannt mit geschlossenen Augen zu und stellen Sie sich dabei Ihre Reiter auf dem Viereck vor. Nehmen Sie sich Zeit, viel Zeit. Spielen Sie sich das Band immer wieder ab.

Vor Ihrem inneren Auge entstehen Bilder, Figuren, Tempoverstärkung auf der Wechsellinie bei dynamischer Steigerung, tänzerische Versammlung, Zirkel, Volten, – Steigerung der Schwierigkeit, zu vieren, die Mühle, das Hineinspringen in die Galoppmusik, Steigerung zum Furioso – Schlußaufmarsch, Stehen, Gruß!

Viel Zeit ist vergangen – Sie sitzen noch immer und meditieren, aber Ihre Vorstellungen festigen sich, das Bild rundet sich.

Spielzeit wird zu Metern

Wir springen noch einmal zurück zu diesem Problem und befassen uns mit der Umsetzung von Zeit in gerittenen Metern. Jetzt legen wir uns ein neues Schema an und setzen die Reihenfolge der Figuren fest.

Tab. 8: Grußaufmarsch mit Front nach C (von C gesehen v. l. n. r. 7, 5, 3, 1, 2, 4, 6, 8)

Tete bei	Kommando	gerittene Meter	Sekunden
X	Abteilung marsch (zu 8)	0	
C	teilen 4 rechts, 4 links	20	
M u. H	zu vieren durch die ganze Bahnwechseln	40	
K u. F	zu einem		
A	paarweise Mittellinie bei A	100	
G	wenn sich die Abteilung auf der Mittellinie befindet, sind 70 s = 140 m geritten. Hier setzt die Trabmusik ein.		
G		140 =	70 s Schritt
			Trab
G	Volte rechts und links (bis zur Bande)	30	
C	teilen rechts und links, nächste lange Seite Volte, dann ganze Bahn	A = 130	
F u. K	durch die ganze Bahn wechseln		
C	paarweise Mittellinie	X = 230 =	70 s Trab

Bis hierhin (X) sind 70 s Trabarbeit vorüber, plus 70 s Schrittarbeit sind 140 s = 2 min 20 s. Auf unserem Musikschema sehen wir, daß an dieser Stelle der Trab aus der »Schönen Helena« beginnt.

Bis zum Beginn der Galopparbeit bei 4 min benötigen wir nun weiterhin 1 min 40 s Trabarbeit.

Ich hoffe, mit der vorstehend geschilderten Art eine Arbeitsweise gezeigt zu haben, mit der Sie in die Materie eindringen können, um Ihre Figuren in die Musik einzubauen.

Auf die gleiche Art wie in unserem OFFENBACH-Beispiel lassen sich natürlich auch andere Komponisten zusammenfügen (s. *Tab. 9, 10*).

Versuchen Sie, ebenso Ballettmusik zusammenzusetzen. Es steht uns eine verhältnismäßig große Zahl davon zur Verfügung. Wie allerdings an anderer Stelle bereits erwähnt, sind die einzelnen Szenen und somit Tempi oft von kurzer Spieldauer, so daß wir immer Passendes finden müssen.

Auch die Ouvertüren von AUBER eignen sich gut, miteinander verbunden zu werden. Sie müssen diese nur immer wieder in Ruhe hören. Wichtig erscheint immer wieder, daß

Tab. 9: MOZART

Schrittarbeit	Marsch D-Dur KV 408,2	2 min 35 s
Trabarbeit	Menuett aus der Jupiter-Sinfonie	4 min 20 s
Galopparbeit	Rondo aus dem Hornkonzert D-Dur KV 412	3 min 20 s

Tab 10: SUPPÉ

Ouvertüre zu »Leichte Kavallerie« vom Anfang mit der bekannten Eröffnungsfanfare bis zu 3 min 50 s.

An dieser Stelle abschneiden und die gesamte Ouvertüre zu »Banditenstreiche« anhängen.

Das furiante Finale dieser Ouvertüre ist ein echter Ohrenschmaus.

Ihnen die Musik »etwas sagen« muß, Ihre Fantasie anregt. Sie müssen sich von der Musik geradezu faszinieren und zu Kreativität anregen lassen.

Schlußbetrachtung

Auf einige Dinge, die mir besonders wichtig erscheinen, möchte ich zum Schluß zu sprechen kommen, selbst auf die Gefahr hin, daß ich mich wiederhole.

Die harmonische Übereinstimmung der reiterlichen Darbietung mit der Musik muß als oberster Grundsatz gesehen werden. Dabei meine ich nicht allein die taktmäßige Synchronisierung zwischen dem Gang der Pferde und dem Zeitmaß der Taktschläge der Musik. Achten Sie auch immer darauf, daß Musik mit kleiner Besetzung im Orchester oder zarter, tänzerischer, serenadenhafter Atmosphäre geeignet ist für Pas de deux, Pas de quatre, Damenquadrille usw. Je mehr Pferde sich auf dem Viereck befinden, desto lauter, gewaltiger darf die Musik sein. Dominieren im ersten Fall die Streicher mit kammermusikartiger Besetzung, beherrschen im zweiten Fall die Blechbläser, Hörner, Trompeten, Posaunen und die Schlaginstrumente Trommeln, Kesselpauken das Feld.

Auch der Lautstärke muß die Choreographie angepaßt sein, Steigerung der Lautstärke heißt Verstärkung der Gangart, je ruhiger die Musik, desto versammelter wird der Gang.

Tänzerische Phasen, Menuett, Gavotte, Mazurka eignen sich besser für Kreisbögen und Schlangenlinien, paarweise sich öffnende und schließende Figuren.

Beim Wechsel von einer Gangart in die andere, beispielsweise vom Trab in den Galopp, sollen die Pferde mit Beginn des ersten Galopptaktes in die Musik »hineinspringen«. Ihre Reiter müssen die Melodie so im Ohr haben, daß es keines Kommandos mehr bedarf. Die Summe aller genannten Faktoren ergibt die harmonische Übereinstimmung mit der Musik, die das Figurenspiel der Quadrille tragen muß.

Die im Kapitel »Übersicht der geeigneten Musikstücke« aufgeführten Stücke, die von mir in den vergangenen Jahren auf Brauchbarkeit überprüft und gesammelt wurden, stehen für Ihre Arbeit zur Verfügung. Sie erheben keinesfalls Anspruch auf Vollständigkeit, sondern sollen eine Basis darstellen. Empfehlen würde ich, viel Rundfunk mit Blick auf Quadrillenmusik zu hören, auch im Autoradio, falls Sie viel unterwegs sein müssen. Bereitliegendes Schreibgerät ist notwendig, um interessante Titel sofort festzuhalten. In kurzer Zeit werden Sie ohne Gebrauch eines Sekundenzeigers ein Gefühl für das Zeitmaß eines Musikstückes bekommen und einen 148er Trab von einem 160er Trab unterscheiden, ohne daß Sie die Schläge noch auszählen müssen. Sehr hilfreich ist es dabei, wenn Sie täglich selbst noch im Sattel sitzen und, was ich voraussetze (fast möchte ich für die folgenden Worte um Verzeihung bitten), ein Gefühl für Takt, Losgelassenheit und einen schwingenden Rücken haben.

Studieren Sie die Wochenprogramme der Hörfunkzeitschriften und hören Sie die Welle, die entsprechende Musik bringt. Die Musiksendungen sind meist in ihrer Gattung bezeichnet: Ouvertüren, Ballettmusiken, Bläserstücke des Barock usw., meist sind die einzelnen Titel ausgedruckt.

Bei Gelegenheiten, zu denen man Ihnen etwas schenken möchte, werden Sie bald eine Wunschliste an Schallplatten besitzen. Ferner würde ich empfehlen, eine Übersicht anzulegen, in der Sie sämtliche Musikstücke, mit denen Sie sich befaßt haben, aufzeichnen nach etwa folgendem Schema:

Komponist, Titel, Atmosphäre, Gangart, Taktmaß, Spieldauer.

Eventuell ergänzen Sie diese Übersicht noch mit einer Spalte, in der Sie dem Stück

Abb. 5: Quadrille-Championat Hamburg 1984: A-Quadrille »Volte rechts und links«. Reiterverein am Bredenbeker Teich/Hamburg (Foto: D. Theinert)

nach Ihrem Ermessen eine Art Wertnote geben: Eignung: von ausgezeichnet bis ungeeignet.

Ein paar Worte möchte ich noch zu der Übungsarbeit sagen. Selbstverständlich sieht der Idealzustand so aus, daß Ihre Quadrillereiter auch dressurmäßig Ihre Reitschüler sind, die Pferde ausbildungsmäßig Ihre »Handschrift« tragen.

Ich weiß, es sieht in den meisten Ställen nicht so aus, und es muß genommen werden, was zur Verfügung steht.

In den meisten Fällen wird die Quadrillearbeit im Herbst nach Beendigung der grünen Saison beginnen. Im Sommer besuchen viele Reiter Turniere, müssen ihre Pferde darauf vorbereiten, oder sie gehen ins Gelände und genießen Sonne, Himmel und Natur zusammen draußen mit ihren Pferden. Die Wochen der Sommerferienzeit fallen für die Quadrillearbeit ohnehin aus.

Im Oktober-November beginnt dann die eigentliche Quadrillearbeit wieder mit regelmäßigen Übungsstunden. Meist wird sich der Sonntag-Vormittag anbieten, um alle beisammen zu haben, zum anderen bringt die Quadrille-Übungsstunde auch manch interessierten Zuschauer auf die Beine.

Vor Beginn der gesamten Arbeit sollte man seine Reiter unberitten zunächst versammeln und mit ihnen über das Kommende sprechen. An einer Tafel zeigt man am besten die einzelnen Grundfiguren und die zusammenhängende Folge. Dann wird jede einzelne Figur exakt eingeübt, zunächst ohne Musik, beispielsweise Einritt, Grußaufstellung und die gesamte Schrittarbeit. Zum Ende der Übungsstunde, sozusagen als kleiner »Bonbon«, wird dann das Erarbeitete mit Musik durchgeritten.

Ernst wird es, wenn ein Turnierbesuch geplant oder eine Stallfestlichkeit auf dem Programm steht, dann beginnt die eigentliche harte Trainingsarbeit, die dann mindestens wöchentlich einmal stattfinden sollte.

Dann kommt die Zeit, die geistige Vorstellung in die machbare Wirklichkeit umzusetzen, am Sitz zu arbeiten und den Schwung der Pferde zu fördern.

Machen Sie Ihre Reiter mit der Musik vertraut, sie sollen nicht nur reiten, sondern auch Hören lernen und das Gehörte in Bewegung umsetzen. Dabei müssen Sie helfen. Wie der Dirigent sein Orchester, so müssen Sie Ihre Reiter inspirieren, auf dem »Instrument Pferd« zu spielen. Sie schufen die Choreographie und müssen Ihre geistige Vorstellung aus Musik und Figuren mit Ihren Künstlern, Reitern und Pferden, der Idealvorstellung nahe bringen (*Abb. 5*).

Erinnern Sie sich immer wieder, daß wir mit unseren Pferden *tanzen* wollen. Tanz, Harmonie und Schönheit – das sollten Sie in Ihren Reitern wecken wollen.

»Vollendete Harmonie zwischen Reiter und Pferd – also Schönheit – ist das Endziel aller Dressur. Man muß dem Pferde ansehen, daß es sich wohlfühlt, und darf dem Reiter nicht anmerken, wie schwer der Weg ist.« WILHELM MÜSELER

Übersicht der geeigneten Musikstücke

Gruppen

Märsche: Militärmärsche, Reitermärsche – Einmärsche, Einritte, festliche Aufmärsche, Trauermärsche – Polkas – Walzer: Wiener Walzer – Konzertwalzer – Ouvertüren zu Opern – Ouvertüren zu Operetten – Sinfonische Musik – Ballettmusik – Musik für Pas de deux, Pas de quatre – Verschiedenes.

Die wichtigsten musikalischen Begriffe

Zur Beachtung Die in den folgenden Übersichten genannten Zahlen für die einzelnen Gangarten pro Minute beziehen sich auf die Aufnahmen, die mir zur Verfügung standen.

Diese Zahlen können sich nach Auffassung des jeweiligen Dirigenten natürlich ändern.

Sie sollten versuchen, beim Erwerb von Schallplatten durch Hörproben der von Ihnen gewünschten Trittzahl so nahe wie möglich zu kommen. Mir sind bei dem gleichen Musikstück in verschiedenen Aufnahmen Differenzen im Trab von 152 bis 172 bekannt.

adagio	langsam, ruhig
Akkord	Zusammenklang mehrerer Töne
allegro	munter, fröhlich, schnell
allegretto	lebhaft
andante	gehend, ruhig
Cancan	schneller, wilder Tanz aus Algerien
Capriccio	heiter übermütiges Musikstück
Choreographie	zeichnerische Festlegung der Tanzfiguren (Tanzschrift)
con brio	belebt
Dur	fröhlich, heiter, Kennzeichen der Dur-Tonarten
Finale	Schlußsatz
forte	laut, stark
Harmonie	Wohlklang, befriedigender Zusammenklang
Intrade	Einleitungsmusik bei älteren Opern, die heutige Ouvertüre
Krakowiak	polnischer Nationaltanz im 2/4-Takt
Ländler	langsamer, dem Walzer ähnlicher 3/4-Takt
largo	sehr langsam, breit
Mazurka	polnischer Nationaltanz im lebhaften 3/4-Takt
Menuetto	höfischer Tanz französischen Ursprungs im ruhigen 3/4-Takt
moderato	gemäßigt
Moll	weich, traurig, Kennzeichen der Moll-Tonarten
Notturno (nocturne)	Nachtmusik
Ouvertüre	musikalisches Vorspiel zu Oper, Operette, Schauspiel
piano	leise, zart
Polka	böhmischer Nationaltanz im lebhaften 2/4-Takt
Polonäse	polnischer Nationaltanz im 3/4-Takt

presto	eilig, schnell
Quadrille	französischer Karreetanz in fünf Touren mit unterschiedlichen Taktarten
Rhapsodie	Musikstück in freier Fantasieform
Rondo	Musikstück mit immer wiederkehrendem Thema
scherzo	lebhaft-übermütig, spaßig
Serenade	Abendmusik
Tarantella	italienischer, äußerst lebhafter Tanz im 3/8- oder 6/8-Takt
tutti	alle, das gesamte Orchester
vivace	lebendig

Märsche

Vierzig Jahre nach Beendigung des letzten, schrecklichen Krieges sollte die Zeit reif geworden sein, den verfemten Marsch auch in der Reiterei zu rehabilitieren. Im Marsch steckt oft so viel fröhliche, tänzerische Musik, er »zündet«, er kündet den Zuschauern einer Quadrille an: »Achtung, es geht los«.

Es muß nicht gerade der »Badenweiler Marsch« des »Tausendjährigen Reiches« sein oder »Preußens Gloria«.

Die folgenden Beispiele eignen sich gut für Ein- und Ausmärsche.

STRAUSS	»Radetzky Marsch«
	»Persischer Marsch«
SUPPÉ	»Oh, Du mein Österreich«
SCHRAMMEL	»Wien bleibt Wien«
SPOHR	»Gruß an Kiel«
LEONHARD	»Prinz Eugen«
BEETHOVEN	»Yorkscher Marsch«
	»Kärntner Lieder-Marsch«
KOPETZKY	»Egerländer Marsch«
KRETTNER	»Tölzer Schützenmarsch«
NEUDEL	»Prinz Karl Marsch«
	»Marsch der Schweizer Garde«
	River Kwai Marsch

Galoppmärsche

»Amazonenmarsch«, »Nachtlager von Granada«, »Leichte Kavallerie«.

Trauermärsche

BEETHOVEN	3. Sinfonie, 2. Satz

Einritte – Einmärsche – Festliche Aufmärsche

BEETHOVEN	Zapfenstreich C-Dur Nr. 2: schöner Trabeinmarsch, Trab 148.
HÄNDEL	»Feuerwerkmusik«: Grave (Ouvertüre) festliche Ankündigung. La

	rejouissance, 4/4-Takt = großer Einmarsch. La paix = feierliche Hymne (ähnlich Zapfenstreich). Menuett 2 = festlicher Ausmarsch.
HAYDN, MICHAEL	Türkischer Marsch C-Dur: beschwingter Schritteinmarsch, Schritt 120.
LISZT	»Les Preludes«: Schlußteil geeignet für großen Aufmarsch.
MEYERBEER	»Fackeltanz Nr. 1«: festlicher Einmarsch im Trab 168 oder Galopp 84: 5 min 25 s.
MONTEVERDI	Ouvertüre zu »Orpheo«: festlicher Fanfareneinmarsch.
MOZART	Marsch D-Dur KV 408 (geeignet für Einzelkür, Pas de deux usw.) im Schritt 118: 3 min 37 s.
PURCELL	»Trumpet Volontary«: festlicher Einmarsch.
SCHOSTAKOWITSCH	»Festliche Ouvertüre« op. 96: die ersten Takte bringen eine heroische Ankündigungsfanfare.
SCHUBERT	Militärmarsch
STRAUSS, JOHANN	Einzugsmarsch aus dem »Zigeunerbaron«: 2 min 44 s. »Persischer Marsch«: 2 min 20 s. »Ägyptischer Marsch«: 3 min 50 s.
STRAUSS, RICHARD	»Also sprach Zarathustra«: die ersten Takte beginnen mit einer gewaltigen Bläsermusik.
TSCHAIKOWSKY	»Capriccio italien«: die ersten Takte eignen sich sehr gut für einen kurzen Aufmarsch. Aus »Eugen Onegin« Hochzeitsmarsch und Polonaise = Galoppeinritt Gal. 96: 4 min 40 s. »Slawischer Marsch« op. 31: von 2 min15 s bis Ende (8 min 40 s) = Schritt mit Trabfinale.
VERDI	»Triumpfmarsch« aus »Aida«: festlicher Einmarsch.

Polkas

Unerschöpflich bieten sich die volkstümlichen Tänze im 2/4-Takt für unsere Trabarbeit an.

STRAUSS, JOHANN	»Annen-Polka«, »Tritsch-Tratsch-Polka«, »Bauern-Polka«, »Leichtes Blut«, »Perpetuum mobile«.
STRAUSS, JOSEPH	»Feuerfest«
PARLOW	»Amboß-Polka«

Trabmärsche

Aufnahmen dieser Märsche werden in Reitsportgeschäften angeboten.

»Herrenabend-Polka«

Trabmarsch	»Garde du Corps«
Trabmarsch	»Dragoner Regiment Nr. 2«
Trabmarsch	»Giselle«
Trabmarsch	»Hannoversche Garde du Corps«
Trabmarsch	»Ich hört' ein Bächlein rauschen«
Trabmarsch	»Der Jäger aus Kurpfalz«

Vorstehende Trabmärsche eignen sich auch vorzüglich für die Vorstellung von Gespannen (Viererzügen!!).

Wiener Walzer – Konzertwalzer

Über die Verwendung des Walzers wurde bereits ausführlich gesprochen. Es gibt viele melodische, ins Ohr gehende Wiener Walzer, die nicht nur mit unterschiedlichem Tempo gespielt werden und sich somit für Trab *und* Galopp eignen, sondern die auch von der Dynamik und Instrumentierung her zur interessanten Choreographie geradezu anregen.

Es muß nicht immer wieder die »Schöne blaue Donau« sein, JOHANN STRAUSS schrieb Perlen von Walzern.

STRAUSS, JOHANN	»Morgenblätter«
	»Rosen aus dem Süden«
	»Geschichten aus dem Wienerwald«
	»Wein, Weib und Gesang«
	»Kaiserwalzer«
	»Waldmeister«
	»Freut euch des Lebens«
STRAUSS, JOSEPH	»Dorfschwalben aus Österreich«
LANNER	»Die Schönbrunner«
	»Hofballtänze«
ZIEHRER	»Wiener Bürger«

Sinfonische Walzer

GOUNOD	Faust-Walzer aus »Margarethe«: Galopp 72: 4 min 19 s.
TSCHAIKOWSKY	Walzer aus dem »Dornröschen Ballett«: Galopp 70: 4 min 35 s.
	Walzer aus dem Ballett »Schwanensee«: geeignet für Trab und Galopp: 6 min 60 s.
	Walzer aus »Eugen Onegin«: Galopp 72: 6 min 30 s.
WEBER	Aufforderung zum Tanz: Galopp 85.

Ouvertüren zu Opern

AUBER	»Die Stumme von Portici«: sehr schöne Trabmusik 160–168. Galoppfinale 92: 8 min 15 s.
	»Der schwarze Domino«: interessante Musik für Einzelkür, Pas de deux usw. mit herrlichem Galopp 75–100.
	»Das eherne Pferd«: gute Trabmusik 140 und 160, vorzüglicher Galopp 100: 7 min 40 s.
	»Fra Diavolo« (geeignet für Einzelkür, Pas de deux usw.): sehr interessant, ausgezeichneter Galopp, Galopparbeit 5 min 10 s: 8 min 30 s.
	»Die Krondiamanten«: vorzüglicher Schritteinmarsch ab 3 min 15 s: 8 min 50 s.
BOIELDIEU	»Der Kalif von Bagdad«: Schritt 2 min, guter Trab 152–160 5 min 30 s: 7 min 30 s. (Die Zahlen bedeuten: Dauer der Schrittarbeit 2 min, Dauer des Trabes 5 min 30 s. Gesamtspielzeit: Schritt und Trab 7 min 30 s.
FERRARI, WOLF	»Susannes Geheimnis«: durchlaufende flotte Trabmusik 152.
GLINKA	»Ruslan und Ludmilla«: durchgehender Trabrhythmus 160, spritziger Beginn, ruhiger Mittelteil: 4 min 55 s.
HEROLD	»Zampa«.
MOZART	Ouvertüren, s. u. »Sinfonische Musik«.

ROSSINI	»Die diebische Elster«: schöner Schritteinmarsch 112, herrliche Trabmelodie mit dynamischer Steigerung zum Galopp 172: 9 min 40 s. »Die Italienerin in Algier«: ruhige Einleitung im Schritt, Trabarbeit 152–160, Steigerung bis 172: 7 min 15 s. »Der Barbier von Sevilla«: ruhige Schritteinleitung 96, Trab 172 und Galopp 112 sehr gut: 7 min 30 s. »Die seidene Leiter«: ruhige Einleitung, dann Haupttempo 120, wenig geeignet: 6 min 05 s. »Semiramis«: Anfang ruhig und dünn, ab 3 min 50 s Trab mit schöner Steigerung 158, zu einem grandiosen Schluß: 11 min 35 s. »Wilhelm Tell«: (nach ca. 1 min Celloeinleitung) geeigneter Galopp 96 circa 1 min 30 s, rasantes Finale für Trab 160, eventuell zum Schluß Galopp: 3 min 05 s. »Die Reise nach Reims«: die zweite Hälfte der Ouvertüre bringt ausgezeichnete Galoppmusik 95–100.
RIMSKIJ-KORSSAKOFF	»Russische Ostern«: sehr schöne Trabmusik 152, ein gewaltiges Finale!
SMETANA	»Zwei Witwen«: gute Trabmusik mit Galoppfinale.
Weitere Ouvertüren	s. a. unter »Sinfonische Musik«.

Ouvertüren zu Operetten

OFFENBACH	»Orpheus in der Unterwelt«: kurze Trabeinleitung mit schöner Melodie, Schluß zwei Minuten mit vorzüglichem Trab 168, alles andere kaum zu gebrauchen. »Die Großherzogin von Gerolstein«: sehr interessant! Guter Schritteinmarsch: 0 min 55 s. Von 4 min bis Schluß (6 min 35 s) herrlicher Trab mit rasantem Schluß 144–152: 2 min 35 s. »Die schöne Helena«: für Schritt, Trab, Galopp gut verwendbar. Furioses Finale: 8 min 45 s. »König Blaubart«: sehr guter Schritteinmarsch, ruhiger Trab, interessante Musik, aber viel Tempowechsel. »Pariser Leben«: kurze Ouvertüre, sehr zu empfehlen, Trab 160, Galopp 95: 4 min 35 s.
HEUBERGER	»Der Opernball«: lustig-spritzige Trabmusik.
SUPPÉ	»Leichte Kavallerie«: gewaltiger Schritt Fanfaren-Einmarsch. Abgesehen von einem ruhigen Mittelteil bringt die Ouvertüre eine fast volkstümliche Trabmelodie von mitreißender Rhythmik, leider mit Tempo um 140 etwas langsam: 7 min 34 s. »Pique Dame«: ruhige Einleitung für Schritt 86, ab 3 min 05 s guter Trab 160, von 5 min 15 s bis 6 min 50 s ruhige Phase, ab 6 min 50 s herrlicher Schluß für Trab 160 und Galopp 100: 8 min 15 s. »Ein Morgen, ein Mittag, ein Abend in Wien«: bis auf den schönen Schluß uninteressant. »Banditenstreiche«: Fanfareneinritt Tempo 96 für Schritt oder Galopp, ab 1 min 20 s schöne Schrittarbeit, anschließend Trab und Galopp wechselseitig geeignet: 7 min 05 s. »Dichter und Bauer« (geeignet für Einzelkür, Pas de deux usw.): abgesehen von der Cello-Einleitung läßt sich die Musik für Pas de deux verwenden.
STRAUSS, JOHANN	»Die Fledermaus« (geeignet für Einzelkür, Pas de deux usw.): läßt sich eventuell als Pas de deux verarbeiten. Sehr gut die letzten zwei Minuten für Trab und Galopp.

Sinfonische Musik

ABEL	Sinfonie Es-dur (geeignet für Einzelkür, Pas de deux usw.): im Charakter Kammermusik; 1. Satz, Trab 144; 3. Satz, Galopp 80.
AUBER	Aus »Die Stumme von Portici« die Tarantella: flotte Trabmusik.
BACH, JOHANN CHR.	Sinfonie B-Dur op. 9 Nr. 1: Trabmusik im letzten Satz, Tempo 152.
BEETHOVEN	Sinfonie Nr. 3 »Eroica«: 1. Satz, Trab 148; 2. Satz, teilweise Trauermarsch; 3. Satz, Galopp 108; 4. Satz, geeignet für Schritt und Trab, letzte 50 s heroischer Schluß!
	Sinfonie Nr. 5 »Schicksalssinfonie«: 1. Satz, Trab 174; 3. Satz, gewaltig-heroischer Trab 164.
	Sinfonie Nr. 8: 1. Satz, sehr guter Trab 162; 2. Satz, ebenfalls ausgezeichneter Trab 160; letzter Satz, Trab 140.
	»Egmont Ouvertüre«: geeignet für durchgehende Trabarbeit 164.
	Ouvertüre C-Dur »Die Weihe des Hauses«: 1. Teil, geeignet als Hymne oder Trauermarsch; 2. Teil, festlicher Einmarsch, Schritt; 3. Teil, Trabarbeit 144; 4. Teil, Fugato 128, wenig geeignet.
	Elf Wiener Tänze: wunderhübsche Musik, sehr gut für Pas de deux; alles im Dreivierteltakt, trotzdem gut geeignet für Schritt, Trab und Galopp.
BERLIOZ	Ungarischer Marsch aus »Fausts Verdammnis«: circa 6 min kraftvoller Trab 160.
BIZET	»L'Arlèsienne« Suite Nr. 1: daraus ist einiges gut zu gebrauchen.
	»Carmen«, Vorspiel zum 1. Akt: bekannte Melodie, Schrittmusik.
CHERUBINI	Ouvertüre zu »Anacréon«: ab zweiter Minute bis zum Schluß (10 min) guter Trab 152.
ENESCU	Rumänische Rhapsodie Nr. 1: ungarische Zigeunermusik für großes Orchester; die letzten 6 min sehr guter Trab 160.
HÄNDEL	»Feuerwerkmusik«: Grave, festlicher Einmarsch im Schritt, auch als Ouvertüre geeignet (2 min 30 s). Allegro, Trab 142 (2 min 50 s). La Paix, festliche Hymne (Zapfenstreich). La rejouissance, herrlicher Einmarsch, Schritt 120 (2 min 20 s). Menuett, festlicher Schritt 104 (1 min 55 s); eventuell Ausmarsch. Die Feuerwerkmusik eignet sich sehr gut für Feierstunden und große Anlässe. Auch in der »Wassermusik« findet man brauchbare Musik.
HAYDN	Sinfonie Nr. 88: der letzte Satz bringt eine sehr gute Trabmusik 160. In den HAYDN-Sinfonien sind es die Menuette, die zur Trabarbeit geradezu einladen.
	Sinfonie Nr. 93 D-Dur: 1. Satz, nach ruhiger Einleitung von 1 min 45 s Übergang zum Menuett, Tempo Trab 156; 2. Satz, ruhiger 4/4-Takt; 3. Satz, Menuett, ausgezeichnete Trabmusik 144; 4. Satz, Allegro, Trab 140.
	Sinfonie Nr. 94 »Mit dem Paukenschlag«: das Menuett ermöglicht sehr schönen Trab 160.
	Sinfonie Nr. 101 »Die Uhr«: das Menuett ermöglicht herrlichen Trab 150: 5 min 30 s.
	Sinfonie Nr. 104 D-dur (geeignet für Einzelkür, Pas de deux usw.): das Menuett ermöglicht herrlichen Trab 140.
KREISLER	»Alt Wiener Tanzweisen« (geeignet für Einzelkür, Pas de deux usw.)
KÜNNEKE	»Biedermeier Suite« op. 53 (geeignet für Einzelkür, Pas de deux usw.)
	»Ecosaise«: gute Trabmusik, Tempo 148.
LISZT	Ungarische Rhapsodien Nr. 1, 2, 3: bei diesen drei Rhapsodien lassen sich die zweiten Hälften gut bis sehr gut verwenden, meist

für einen Trab von 152–160 Tritten. Die Rhapsodien enden mit einem brauchbaren Furiosum.
»Les Preludes«: aus dieser heroisch wirkenden Musik läßt sich ein Trab 170 herausnehmen. Der letzte Teil eignet sich als grandiose Schlußphase für einen gewaltigen Aufmarsch.

MOZART
Sinfonie Nr. 29 A-Dur KV 201: 4. Satz Allegro con spirito, 3/4-Takt Galopp 108 (geeignet für Einzelkür und Pas de deux): 4 min 07 s.
Sinfonie Nr. 33 B-Dur KV 319: 1. Satz Allegro, 3/4-Takt 56; 4. Satz Allegro, sehr schöner tänzerischer Trab 168, leider ist der Schluß nicht zum Endaufmarsch geeignet: 6 min50 s.
Sinfonie Nr. 35 D-Dur (Haffner) KV 385: 1. Satz Allegro, sehr schöner Trab 152 (4 min27 s); 3. Satz Menuett, eventuell für tänzerischen Schritt 108 (3 min 27 s); 4. Satz Finale Trab 146 (3 min 54 s).
Sinfonie Nr. 39 Es-Dur KV 543: 1. Satz Allegro, Trab 162; 3. Satz Menuett, sehr schöner Trab 140.
Sinfonie Nr. 40 G-Moll KV 550: 1. Satz Tempo 108, eventuell Galopp; 3. Satz Menuett, Trab von 144–156.
Sinfonie Nr. 41 (Jupiter) C-Dur KV 551: 1. Satz Allegro, ausgezeichneter Trab 158, gut zu verwenden von 0 bis 6 min 15 s (11 min 25 s); 3. Satz Menuett, vorzüglich geeignet, Trab 162 (4 min 20 s); 4. Satz Molto allegro, eventuell Galopp 120, etwas zu fugato (13 min 06 s).
Sinfonie Nr. 73 C-Dur: 1. Satz Schritt; 2. Satz tänzerischer Trab 160; 3. Satz Galopp 112; 4. Satz sehr rhythmischer Trab 164.
Marsch D-Dur KV 408,2 (geeignet für Einzelkür): sehr gut für Schrittarbeit, auch für Pas de deux: 3 min 37 s.
Hornkonzert D-Dur KV 412: das Rondo (geeignet für Einzelkür, Pas de deux usw.) eignet sich gut für Galopp 88.
Ouvertüre »Figaros Hochzeit«: gute durchlaufende Trabarbeit 140: 4 min 15 s.
Ouvertüre »Der Schauspieldirektor«: geeigneter Trab 170: 4 min 45 s.
Ouvertüre »Die Entführung aus dem Serail«: sehr gute Anfangsphase, geeignet für Trabeinritt 156: 1 min35 s.
Ouvertüre »Die Zauberflöte«: sehr gute Trabmusik 158, die ersten 1 min 30 s sowie die letzten 3 min 50 s.
Serenade »Eine kleine Nachtmusik«: 1. Satz Allegro, Trab 148 (5 min 15 s); 3. Satz Menuett, tänzerischer Schritt 120 (2 min 18 s); 4. Satz Rondo, Galopp 110.
»Serenata notturna« D-Dur KV 239: 1. Satz Marsch (geeignet für Einzelkür, Pas de deux usw.), Schritteinritt 120 (2 min 56 s); 2. Satz Menuett, zart-galanter versammelter Galopp 88 (4 min 56 s); 3. Satz Rondo Allegro, Galopp 98, dann Trab.

POPY
»Suite orientale«: sehr gut geeignet für Trab und Galopp.

RACHMANINOW
Scherzo F-Dur: sehr guter Galopp, Tempo 80–90.

RAVEL
»Bolero«: eine spanisch-maurische Melodie mit hypnotisch-stereotypem Tempo, wird als »das längste Crescendo der Welt« bezeichnet. Ein sehr interessantes Werk, welches jedoch oft mit Tempo 110–120 für Trab zu langsam und für Galopp zu schnell läuft. Eine Aufnahme finden mit passendem Tempo: 18 min 10 s.

SCHUBERT
Sinfonie Nr. 6 C-Dur: letzter Satz: lange tänzerische Schrittmusik mit 148er Trabanschluß.
Ouvertüre im italienischen Stil C-Dur: vom Mittelteil bis zum Schluß finden wir brauchbare Trabmusik 144. Galoppfinale.

SIBELIUS
Karelia-Suite op. 11: Sinfonische Trabmusik mit Jagdmotiven,

	evtl. auch Einmarsch- und Schlußfanfare.
TSCHAIKOWSKY	»Cappricio italien« op. 45: schmetternde Einleitungsfanfare; ab 6 min bis zum Ende (14 min 10 s) gut geeignete Trab- und Galoppmusik, herrlicher Tarantella Trab 150, sehr gutes Finale!! Polonaise aus »Eugen Onegin«: vorzügliche Galoppmusik, auch als Galopp-Einritt gut geeignet: 4 min 44 s.

Ballettmusik

ADAM	Ballettmusik aus »Giselle«: 1. Akt: Teil 1, zu gebrauchen ist nur der Schluß von 17 min bis 21 min für Trab und Galopp; Teil 2 zu verwenden von 2 min 50 s bis 6 min 45 s. 2. Akt: Dort finden wir zum Teil vorzüglich geeignete Musik.
BAYER, JOSEF	»Die Puppenfee«: Ballett in einem Akt mit 20 einzelnen Szenen. Zu gebrauchen sind hauptsächlich die letzten Sätze Nr. 15–20 für Trabarbeit. Gut geeignet für junge Reiter.
BEETHOVEN	»Die Geschöpfe des Prometheus«: interessantes Werk mit zum Teil wuchtiger, sinfonischer Musik. Musik zu einem Ritterballett: unterschiedliche Szenen mit einem immer wiederkehrenden tänzerischen Rondo. Für alle Gangarten geeignet.
BORODIN	»Fürst Igor«: die Polowetzer Tänze eignen sich gut für Galopp 100: 10 min 36 s.
CHATSCHATURIAN	Sinfonische Suite aus dem Ballett »Gayaneh«: rhythmisch-dynamische Musik für alle Gangarten.
DELIBES	»Sylvia«: Tanz der Jägerinnen für Trab und Galopp; langsamer Schaukelwalzer, ruhiger Trab 150.
DONIZETTI	»La Favorita« 2. Akt: die »festlichen Tänze« liefern herrliche, brauchbare Musik.
GOUNOD	»Margarethe«: so verlockend die Musik auch scheint, reiterlich zu gebrauchen ist nur die 1. Szene (Walzer), sehr gut die vorletzte (6.) und brauchbar die letzte (7.) für Trabarbeit.
GLINKA	»Ein Leben für den Zaren«: Polonaise und Mazurka, hübsche, tänzerische Melodien.
HELMESBERGER	Suite aus »Die Perle von Iberien«: leichte, spritzige Operettenmusik nach der Art von Offenbach für eine fröhliche Quadrille.
LORTZING	»Casanova«: gute Musik mit leichtem Fluidum. »Undine«: volkstümliche, melodische brauchbare Musik. »Zar und Zimmermann«: der Holzschuhtanz, rhythmisch hämmernder Trab 176.
MASSENET	»Der Cid«: brauchbare Musik, hauptsächlich der letzte Satz.
MEYERBEER	»Les patineurs«, Sinfonisches Ballett mit einigen sehr guten Szenen, ausgezeichnete Musik!
MOZART	»Idomeneo«: der Komponist schrieb hierzu eine groß angelegte sinfonische Ballettmusik, aus der vieles zu gebrauchen ist.
PONCHIELLI	»La Gioconda«: »Tanz der Stunden«; vorzügliche Musik, Anfang Trab 136, Steigerung nach Trab 160, Finale Galopp 92. »Cinderella«: teilweise gut geeignet, moderne Klassik (Musik Richtung RAVEL, MUSSORGSKY).
PAISELLO	»Proserpina«: 1. Trab 152; 2. Galopp 72; 3. Schritt; 4. Galopp 95 oder Trab 190.
RESPHIGI	»Der Zauberladen« (geeignet für Einzelkür, Pas de deux usw.): Ballett mit vielen interessanten, aber oft kurzen Einzelszenen, wovon die erste Hälfte gut zu gebrauchen ist. (Lustig-freche Sze-

	ne 5 mit der dissonanten Trompete.)
ROSSINI	Ballettsuite aus »Le roi des gourmets«: moderne Klangrichtung, teilweise gut verwendbar.
RUBINSTEIN	»Feramors« (geeignet für Einzelkür, Pas de deux usw.): Ballettmusik und Hochzeitszug eignen sich gut für alle Gangarten. Trab 160, Galopp 96 (Hochzeitszug).
SCHUBERT	»Rosamunde« Ballettmusik Nr. 2: ruhiger Galopp 94: 5 min 30 s.
STRAUSS, JOHANN	Fledermausquadrille: bekannte Fledermaus-Melodien, bearbeitet wie Karnevalsquadrille.
	»Ritter Pázmán«: 1. Schritteinmarsch, Schritt 104; anschließend Trab 160; 2. und 3. Walzer und Czardas nicht zu gebrauchen.
	Wiener Karnevalsquadrille op. 124: sechs Musiknummern für Schritt, Trab, Galopp. Lustig, spritzig.
TSCHAIKOWSKY	»Der Nußknacker« (geeignet für Einzelkür, Pas de deux usw.): Ouvertüre, Schritt 112; Marsch, Trab 150; Tanz der Zuckerfee (3/4-Takt 68); Rohrflötentanz, Trab 144; Trepak, Trab 170; Blumenwalzer, Galopp 64; Schlußwalzer, Galopp 72.
	»Schwanensee«: geeignet sind: Walzer, Trab und Galopp 68–80; Tanz der Schwäne, Trab 168; Ungarischer Tanz, Schritt und Trab 176.
VERDI	»Die Jahreszeiten« aus »Die sizilianische Vesper«: großes vierteiliges Ballett, glänzend instrumentiert, vorzüglich geeignet auch für Pas de quatre. 1. Winter: aus diesem Satz ist nicht viel zu gebrauchen. 2. Frühling: ab 3 min 35 s zierlich-graziöser 3/4-Takt für Trab 144; guter Schluß für Galopp 96. 3. Sommer: von 3 min bis 5 min brauchbarer 3/4-Takt für Trab 140. 4. Herbst: dieser Satz eignet sich vorzüglich, er enthält Trab 160–168 und Galopp 100.
	»Aida«: Tanz der Mohren, sehr schöne exotische Melodie, Trab 160, leider nur 1 min25 s. Triumphmarsch, bekannter, festlicher Schrittmarsch (1 min 25 s). Ballett, sehr gute, exotisch anmutende Trabmusik, Trab 160 (4 min).
	»Macbeth«: die Ballettmusik aus dem 3. Akt ist nur bedingt brauchbar.
	»Othello«: Anfang mit besonderer Klangwirkung von Flöte und Schlagzeug, Schritt 112 (1 min 30 s); nach ruhiger Mittelphase Trabmusik im Schlußteil.
	»Der Troubadour«: 3. Akt: Ballett mit 25 Minuten Spielzeit, zum Teil brauchbar bis gut, leider kurze Szenen.
WEBER	»Aufforderung zum Tanz«: herrliche Melodie im 3/4-Takt; ideale Musik für Galopp, falls nicht allzu langsam gespielt.
WINKLER	Ballett im alten Stil aus »Der Fürst von Monterosso«; hieraus ist einiges zu verwenden.

Musik für Einzelkür

In den letzten Jahren wurden mehr und mehr Dressurprüfungen der höheren Klassen als Kür-Aufgabe mit eigener Musik ausgeschrieben. Bereits in der Klasse L findet man – oft als Stechaufgabe – die Einzelkür, und in der neuen LPO ist sie bereits ab Klasse A vorgesehen.

Immer wieder sieht man in letzter Zeit Reiter, die sich mit viel Begeisterung, aber oft auch mit Verzweiflung auf eine Kür vorbereiten; mancher scheitert an der schwierigen Aufgabe, das musikalische Problem zu lösen. Das Ergebnis ist dann oft nur eine »Geräuschkulisse«, dabei sollte die Musik – genau wie bei einer Quadrille – mehr sein als nur Untermalung. Die »Schöne blaue Donau« müßte nunmehr einmal abgelöst werden,

STRAUSS schrieb Perlen von Walzertakten, die sich ebenfalls eignen, wenn man unbedingt nach einem Walzer reiten möchte: »Morgenblätter«, »Wein, Weib und Gesang«, »Rosen aus dem Süden« – JOSEPH STRAUSS: »Dorfschwalben aus Österreich« oder LANNER: »Hofballtänze« oder »Die Schönbrunner«.

Bei der Gestaltung einer Kür mit Musik (gilt auch für Pas de deux usw.) müssen zunächst einige grundsätzliche Überlegungen angestellt werden, die den Aufbau der Gangarten und Lektionen betreffen. Begrüßenswert hierzu erweisen sich die im neuen »Aufgabenheft 1986« angegebenen Zeiten und Mindestanforderungen für Einzelküren. Aber es bleiben noch genügend Fragen offen, die der Reiter klären muß.

1. Aufmarsch bereits mit Musik oder Einsatz der Musik erst nach dem Gruß im Halten?
2. Gruß in der Bewegung (auf der Mittellinie) oder im Halten?
3. Reihenfolge der Gangarten – der Schritt als letzte Gangart ist nicht zu empfehlen.
4. Sollen Halten, Rückwärtsrichten und Wendungen eingebaut werden?
5. Verwendung eines durchlaufenden Musikstückes (z. B. Walzer) oder eine passende Musik »zusammenbauen«?
   Fragen über Fragen!

Befassen wir uns zunächst mit dem Aufbau einer Kür.

Im Prinzip gelten alle vorangegangenen Kapitel selbstverständlich auch für die Einzelkür, doch bei ihr müssen wir auf die individuelle Veranlagung von Reiter und Pferd und auf die Stärken und Schwächen der einzelnen Gangarten Rücksicht nehmen; die Musik muß entsprechend ausgewählt werden. Dabei ist zu überlegen, ob beim Einmarsch auf der Mittellinie in der Bewegung gegrüßt werden soll oder im Halten; in den Klassen M und S findet der Gruß in der Bewegung sicher Liebhaber, im Zweifelsfall sollte im Halten gegrüßt werden. Die Reihenfolge und die Zeitspanne der einzelnen Gangarten richtet sich nach der vorliegenden Musik. Setzt man sich aber eine Musik selbst zusammen, dann wird man sich nach der Veranlagung des Pferdes richten. Hat das Pferd eine überragende Galoppade, wird man viel davon zeigen und dies an den Schluß nehmen. Die Lichter muß man zeigen und die Schatten zu verdecken suchen.

Eine Kür lebt – wie eine Quadrille auch – aus der Bewegung. Die wenigen zur Verfügung stehenden Minuten darf man nicht mit Halten, Rückwärtsrichten und Wendungen vertun. Sollte allerdings die Musik mit einer Ruhepause ein Halten oder eine Wendung anbieten, dann kann man dies geschickt einbauen.

Befassen wir uns nun mit der Musik. Auf der Suche nach der Musik können mehrere Wege beschritten werden:

1. Man entwirft die Kür nach Gangarten und Lektionen ohne Rücksicht auf die Musik und nimmt einen bekannten Walzer, Schlager oder die moderne Bearbeitung eines Klassikers. Der Ablauf ist einfach: Anfangsgruß – Musik an – Schlußaufmarsch – Musik aus. Diesen Weg findet man häufig, er ist einfach und kostet keine vorbereitende Arbeit, aber er bringt auch keine Höhepunkte – die Musik läuft meist nur als Geräuschkulisse.
2. Mit etwas Musikalität des Reiters läßt sich der erste Weg ausbauen und »veredeln«, indem man die Phrasierungen der Musik reiterlich herausarbeitet, also hämmerndes Stakkato für die Trabarbeit nimmt und gebundene Melodien für den Galopp.
   Es gibt auch Musik, die zum Geradeausreiten anregt, und andere (wiegend-tänzerische), die zu Kreisbögen und Schlangenlinien geradezu einlädt. Lauterwerden der Musik (Crescendo) bedeutet Tempoverstärkung, Leiserwerden (Decrescendo) heißt versammeln. Dieser zweite Weg bedarf der Vorbereitung. Wir dürfen aber nicht vergessen, daß bei dieser Lösung alle Gangarten nach der gleichen Musik geritten werden müssen – die Ideallösung einer Kür kann so nicht aussehen.
3. Bei diesem Weg suchen wir *zuerst* ein abgeschlossenes Musikstück von einer bestimmten Zeitspanne (lt. LPO) und bauen unsere Lektionen in die Musik hinein. Die Schwierigkeit liegt allerdings darin, Musikstücke mit einer Spieldauer von wenigen

Minuten zu finden. Wir können uns jedoch helfen, indem wir die letzten Minuten eines Musikstückes nehmen. Auf diese Weise bekommt man immer ein schönes Finale. Der Beginn muß so liegen, daß man beim Anreiten mit einem musikalischen Gedanken (Thema) beginnt.
Wichtig ist ein *grandioser Schluß*. Zu dieser Lösung bieten sich jeweils die letzten Minuten von Ouvertüren an, zum Beispiel von AUBER, OFFENBACH, ROSSINI und SUPPÉ. Allein von den vier genannten Komponisten eignen sich mindestens 15 Ouvertüren. Auch in Ballettmusiken gibt es oft Szenen von dieser kurzen Dauer, die für reiterliche Zwecke geeignet sind. Hier müssen wir suchen bei: ADAM, CHATSCHATURIAN, TSCHAIKOWSKY und VERDI.

4. Der vierte Weg ist der schwierigste und zeitraubendste, aber auch der beste; hier muß eine regelrechte Choreographie gemacht werden. Zunächst legen wir die Reihenfolge der Gangarten und deren ungefähre Zeitdauer fest. Dann suchen wir uns die passende Musik für unsere Pferde: Schritt etwa 120 Schritte, Trab etwa 152–160 Tritte und Galopp etwa 90–100 Sprünge pro Minute.

Diese Musikstücke müssen vom Genre und von der Instrumentierung her zusammenpassen. Eventuell läßt sich alles aus der gleichen Ouvertüre nehmen, dann passen Instrumentierung und Tonart. Oder wir nehmen alles aus dem gleichen Ballett, zum Beispiel aus TSCHAIKOWSKYS »Nußknacker«. Beim Zusammensetzen der einzelnen Stücke achten wir darauf, daß wir nicht mitten in einem Takt abreißen. Haben wir die Musik auf einem Band, dann bauen wir unsere Lektionen in die Musik hinein unter Beachtung der besprochenen Feinheiten: rhythmisch, tänzerisch, Steigerungen usw.

Dieser letzte Weg, eine Kür zu gestalten, kostet natürlich viel Arbeit und musikalisches Gespür, aber er wird auch erfolgreich sein.

In der folgenden Aufstellung sind Musikstücke aufgeführt, die wegen ihres Charakters oder der kammermusikalischen Besetzung gut für Enzelkür und Pas de deux (*Abb. 6*) zu gebrauchen sind. Daneben wurden in der Aufstellung der sinfonischen Musik und Ballettmusik die für Einzelkür geeigneten Musikstücke besonders bezeichnet.

AUBER	Ouvertüre zu »Der schwarze Domino«: sehr interessant, Trab 160–168, Galopp 90–115: 8 min 12 s.
BACH, JOHANN S.	Brandenburgisches Konzert Nr. 2 F-Dur: 1. Satz, Trab 168. Brandenburgisches Konzert Nr.3 G-Dur: 1. Satz, Trab 160.
BERLIOZ	»La damnation de Faust«: Sylphentanz und Irrlichtertanz, Trab 148.
BRAHMS	Ungarische Tänze Nr. 5 und 6.
DELIBES	Ballettmusik aus »Sylvia«: siehe im Kapitel »Ballettmusik«.
HÄNDEL	Concerto Grosso D-Moll op. 6 Nr. 10: letzter Satz galantmelodiöser Trab 160.
HUMMEL	»Introduction«, Thema und Variationen op. 102 für Oboe und Orchester: aus diesem Werk lassen sich das Thema und zum Teil die Variationen sehr gut verwenden.
MOZART	Der Komponist hat einiges geschrieben, was sich für einen festlichen Abend und ein fachkundiges reiterlich-musikalisches Publikum geradezu anbietet: Ballettmusik zu »Les petits riens« KV 299 Anh. 10: herrliche tänzerisch-griffige Melodien mit einem Hauch von erotischem Charme. Mit Gespür und einem Paar charmant-musikalischer Reiter müßte sich daraus ein Leckerbissen erarbeiten lassen. Ähnliches gilt für: »Eine kleine Nachtmusik« KV 525: siehe Kapitel »Sinfonische Musik«. »Serenada notturna« KV 239: siehe Kapitel »Sinfonische Musik«. Divertimento D-Dur Nr. 11: daraus geeignet Allegro molto und Menuett.

Abb. 6: Vollendete Harmonie im Pas de deux. Josef Neckermann auf Mariano und Harry Boldt auf Remus, 1965 (Foto: W. Mezendorf)

	Marsch D-Dur KV 412: Schrittmarsch Tempo 118. Haffner Serenade D-dur KV 250: 1. Satz, Schritt; 7. Satz Menuett, Trab; 8. Satz Allegro assai, Galopp.
PONCHIELLI	Ballettmusik »La Gioconda«: Tanz der Stunden, Trab 160 und Galopp 92.
ROSSINI	Der Komponist schrieb in jungen Jahren vier Streichersonaten. Musikalische Reiter sollten sich mit diesen »Sonata á quadro« befassen: Sonate Nr. 1 G-Dur: Moderato, Trab 140 (3 min 20 s); Andantino, melodisch wunderschön, aber mit Tempo 128 zu ruhig; Allegro, Galopp 92 (2 min 35 s). Sonate Nr. 2: für reiterliche Zwecke nicht geeignet. Sonate Nr. 3 C-Dur: hieraus das melodische, wunderschöne Moderato (2 min 30 s) im Trab 160–168. Sonate Nr. 4 B-Dur: Allegro vivace, Trab 152; Andantino, nicht zu verwenden; Allegretto, eine Perle für Pas de deux im Trab 170.
SCHUBERT	Ballettmusik II aus »Rosamunde«: Galopp 94 (5 min 32 s). Fünf deutsche Tänze D 90: hier ist einiges zu erarbeiten.
SUPPÉ	Ouvertüre »Dichter und Bauer«: wenn hier etwas »geschnitten« wird, läßt sich die Ouvertüre interessant verarbeiten.
TSCHAIKOWSKY	Ballettmusik aus »Der Nußknacker«: siehe Kapitel »Ballettmusik«.

Auf der Suche nach Musikstücken, die sich für reiterliche Zwecke verwenden lassen, sollten Sie hauptsächlich auf folgende Komponisten achten:

Adolphe Adam, Daniel Francois Esprit Auber, Gaetano Donizetti, Charles Gounod, Jacques Offenbach, Gioacchino Rossini, Franz von Suppé, Johann Strauss Vater, Johann Strauss Sohn, Joseph Strauss.

Weiter sollten Sie besonders auf die Sätze achten, die in der Werkbezeichnung benannt sind mit:

Allegro, Allegro vivace, Gavotte, Mazurka, Menuett, Polonaise, Polka, Tarantella.

In diesen Sätzen läßt sich sehr oft etwas Brauchbares finden.

Zweiter Teil - Das Quadrille-Turnier

Einführung

Das Quadrillereiten erfreut sich in den letzten Jahren zunehmender Beliebtheit, und es entstand bei manchem Reiter und Reitlehrer der Wunsch, sich mit anderen Quadrillen im turniermäßigen Wettkampf zu messen.

Wie die Einzelkür oder die Kür der Paare mit Musik sich seit Jahren einen festen Platz auf Turnieren der höheren Klassen erobert haben, entwickelt sich das Quadrillereiten zu einer neuen Sparte im Turniersport.

Diese Entwicklung stellt naturgemäß Veranstalter und vor allen Dingen Richter vor neue Aufgaben, die mancherorts bereits zur Zufriedenheit aller Beteiligten gut gemeistert wurden.

So besteht zum Beispiel im Landesverband Hamburg seit Jahren ein »Arbeitskreis Quadrille-Wettkampf«, dem Vereinsvorsitzende, Quadrille-Leiter und Richter angehören, und der Richtlinien und Bewertungsbogen erarbeitet hat, die sich bewährt haben. Besonders zu begrüßen ist es, daß hier ein Richterteam heranwächst, welches sich intensiv mit dieser neuen Wettkampfart befaßt und mit Erfolg richtet.

Was die Quadrille vom Abteilungswettkampf unterscheidet, liegt in den beiden Kriterien Schaubild (Kür) und Musik, die zusätzlich zur dressurmäßigen Leistung beurteilt und dann insgesamt ausgewogen werden müssen.

Eine steigende Beliebtheit bei Reitern und Zuschauern läßt sich für Quadrillenwettkämpfe unmißverständlich erkennen.

In Hamburg wird seit 1978 jährlich ein Quadrille-Turnier der Klassen E und A auf Landesverbandebene ausgetragen, auf welchem bisher zum Beispiel an einem Tag neunzehn Quadrillen starteten.

Eine ähnliche Veranstaltung findet seit Jahren als Hallenturnier in Münster statt, zu der (an einem Abend!) bis zu 4.000 Zuschauer erscheinen.

Die weitere Entwicklung brachte im Jahr 1987 das 1. Deutsche Quadrillen-Championat in Hamburg, das auf der Basis der Klasse L ausgeritten wurde.

Planung und Ausschreibung

Der Zeitpunkt

Bei der Festlegung des Turnierdatums muß bedacht werden, daß die Quadrille vor dem Turnier eine Zeitspanne von mindestens 4 Wochen benötigt, um sich die letzten Feinheiten für die Vorstellung zu erarbeiten, wenn man mit ein bis zwei Übungsstunden in der Woche rechnet. Das Turnier sollte deshalb nicht unmittelbar an eine Schul-Ferienzeit anschließen. Auch die Sommer-Turnier-Saison hat sich als ungünstig erwiesen, da manches an der Quadrille beteiligte Pferd oft von Freitag bis Sonntag wegen Turnierbesuch von der Übungsarbeit fernbleiben muß.

Günstige Quadrille-Zeit liegt im Mai entweder noch als Hallenturnier oder auch als Außenturnier zu Beginn der »Grünen Saison«. Ferner wäre die Zeit nach der Sommer-Turnier-Saison günstig. Von Anfang Oktober bis Mitte November bieten sich Quadrille-Turniere geradezu an, ebenso verlockend erscheint die Adventszeit, jedoch sollte man dann genügend Pferde-Innenstellplätze zur Verfügung haben sowie eine zweite Halle als Abreitehalle.

Bei der Planung sollte man weiter bedenken, bereits einige Wochen vor dem *Erscheinen* der Ausschreibung die in Frage kommenden Vereine und Reitställe auf das Turnier hinzuweisen, damit die Quadrillearbeit aufgenommen und nicht später kurzfristig improvisiert werden muß (*Abb. 7*).

Kür- oder Pflichtaufgabe

Bei der Planung eines Quadrille-Turnieres tritt immer wieder die Frage auf, ob man nicht die Prüfung als Pflichtaufgabe ausschreiben sollte oder eine Kür- und eine Pflichtaufgabe kombinieren soll.

Von einer zusätzlichen Pflichtaufgabe zur Kür muß unbedingt abgeraten werden.

Allein vom Zeitaufwand her sind zwei Aufgaben nicht zu bewältigen, auch würde manches Pferd mit zwei Vorstellungen überfordert sein. Zudem dürfte mancher Reiter in den Klassen E und A froh sein, die Spannung *einer* Prüfung endlich hinter sich gebracht zu haben. Eine weitere Prüfung, ab Kl. A auswendig geritten, würde eine nicht zumutbare Forderung darstellen.

Auch an den Reitlehrer sollte man denken, der eventuell eine Junioren- *und* eine Senioren-Quadrille vorstellt und bei einer zusätzlichen Pflichtaufgabe insgesamt vier Starts zu absolvieren hätte, unter Umständen sogar zwei davon auswendig geritten.

Hier würde der Boden des Möglichen verlassen und der Nährboden für Streß und Herzinfarkt vorbereitet werden.

Zudem wäre eine Pflichtaufgabe keine Quadrille mehr, da für Choreographie und Ideen keine Möglichkeit der Entfaltung besteht. Eine »Pflichtquadrille« würde nichts anderes darstellen als einen Abteilungswettkampf mit Musikuntermalung, und die richterliche Beurteilung würde sich nur, wie beim Abteilungswettkampf, auf das »Herausbringen« und auf dressurmäßige Kriterien beziehen können.

Zur Quadrille gehört unbedingt die Freiheit zur künstlerischen Entfaltung. Die Pflichtlektionen ergeben sich aus dem Aufgabenheft der jeweiligen Klasse, und diese Lektionen müssen in der Ausschreibung präzise festgelegt werden.

Abb. 7: Welsh-Hengste bei einer Sulkyquadrille. Reit- und Fahrverein St. Georg, Alpen/Niederrhein (Foto: W. Menzendorf)

Die Ausschreibung

Da ein Wettkampf von Quadrillen allein schon von der Vorstellung her viel Zeit in Anspruch nimmt, sollte man diese Turniere ohne Hinzunahme anderer Prüfungen durchführen. Lediglich eine Springprüfung, an der die an der Quadrille teilgenommenen Pferde startberechtigt sind, sollte sich anschließen.

Kategorien

Es versteht sich von selbst, daß der erste Versuch eines Quadrille-Turnieres für die Klassen E und A ausgeschrieben werden sollte.

Späterhin wird dann die Hinzunahme der Kl. L notwendig werden, um auch Dressurreiter, die Freude an der Quadrillearbeit gefunden haben, an den Start zu locken und um auch damit das Niveau des Turnieres zu heben.

Wettkampfmäßig dürften Quadrillen der Klassen M und S kaum antreten.

Die Lektionen der einzelnen Klassen

Klasse E

Um auch Reitern mit geringeren reiterlichen Fähigkeiten sowie Ausbildern ohne Quadrille-Wettkampferfahrung die Möglichkeit zur Teilnahme zu bieten, muß mit der Kl. E begonnen werden. Hier sollten lediglich die drei Grundgangarten ohne jegliche Tempoverstärkung gezeigt werden sowie einfache Figuren, zu reiten nach Kommando, Ausbindezügel mit Punktabzug erlaubt. Figuren: Zirkel, Schlangenlinien, Volten bis zur Mittellinie.

Klasse A

Grundgangarten wie Kl. E. Zusätzlich: Mitteltrab, Viereck verkleinern und vergrößern im Schritt.

Mittelgalopp in der Formation sollte man nicht fordern, da viele Reiter spätestens beim Durchparieren überfordert sind.

Klasse L

Wie Kl. A. Zusätzlich: Versammelter Trab, Mittelgalopp, versammelter Galopp angedeutet, Außengalopp, Galoppvolten, Viereck verkleinern und vergrößern im versammelten Trab.

Klasse M

Wie Kl. L. Zusätzlich: Schulterherein, starker Trab, fliegender Wechsel, Travers statt Viereck verkleinern und vergrößern.

Nicht gefordert werden sollte in Kl. E bis L »Halten« sowie Wendungen aus dem Halten, da die Quadrille aus der Bewegung heraus lebt. Sollte in einer gelungenen Choreographie der Stillstand harmonisch eingebaut sein, so darf das jedoch nicht negativ bewertet werden.

Gezeigte höhere Lektionen dürfen nicht bewertet werden, nicht gezeigte Lektionen müssen Punktabzug zur Folge haben.

Ab Kl. M ist zu empfehlen, die geforderten Lektionen einzeln in der Ausschreibung festzulegen.

Schrittlektionen sollten nicht länger als 2 Minuten insgesamt gezeigt werden, doch sollte auch hier eine gute Choreographie den Maßstab setzen.

Ab Kl. A sollte man auswendig oder nach Pfeifsignal reiten lassen, der Pfiff mit den Fingern sollte verpönt sein.

Eine Meldung bei der Anfangs- und Schlußaufstellung durch den Quadrilleleiter sollte unterbleiben, da die Vorstellung bereits über Lautsprecher angesagt wurde.

Altersgruppen

Der Veranstalter sollte Junge Reiter, Junioren und Senioren in getrennten Prüfungen ausschreiben und sich Gedanken machen über mögliche Ausnahme- oder Ersatzregelungen.

Beispiel: Seniorenquadrille, offen für alle Reiter, doch sollte eine Seniorenquadrille mindestens zu 50 % aus Senioren bestehen. Hier würde ich ersatzweise Junioren, aber keine Jungen Reiter zulassen. Auch wenn die Zuschauer es »niedlich« finden, ein zwölfjähriges Kind gehört nicht in eine Seniorenquadrille, aber das muß in der Ausschreibung festliegen.

Die Reiter einer Quadrille für Junioren und Junge Reiter dürfen ausnahmslos nicht älter als 21 Jahre sein.

Es ist zu empfehlen, die Prüfungen wie folgt zu trennen:

- ❑ Kl. E: Senioren, Junioren, Pony.
- ❑ Kl. A: Senioren, Junioren.
- ❑ Kl. L: Senioren bzw. alle Reiter.

Zahl der Pferde

Eine Quadrille der Kl. A und E sollte aus acht Pferden bestehen. Wenn man acht bis 16 Pferde zuläßt und diese insgesamt in einer Prüfung richtet, so stellt man die Richter vor eine schwierige Aufgabe. Es würde das gleiche bedeuten, als müßte man in derselben Prüfung Einzelreiter *und* Paarklasse bewerten.
Die Kl. L würde ich mit vier Reitern ausschreiben, da die meisten Ställe nicht in der Lage sind, acht L-Pferde und acht L-Reiter aufzustellen.

Ersatzreiter und Pferde: bei E und A je zwei, bei L eins.

Oft wird ausgeschrieben, daß jeder Reiter nur in einer Quadrille starten darf. Man sollte eventuell L-Quadrillen hiervon ausnehmen, um für diese L-Prüfung genügend Nennungen zu bekommen. Dies gilt hauptsächlich für Turniere, auf denen man erstmalig L ausschreibt.

Zeitdauer

Bewährt hat sich eine Mindestzeit von zehn Minuten und eine Höchstzeit von fünfzehn Minuten; dabei sollte man, um der künstlerischen Musikgestaltung Raum zu geben, nicht auf die Sekunde kleinlich sein (Toleranz 15 s).

Zäumung

Kl. E und A: Trense mit Reithalfter, bei E Ausbindezügel erlaubt. Kl. L: Kandare mit Unterlegtrense. Einheitliche Zäumung innerhalb der Abteilung.

Anzug

Die Festlegung dieses Punktes der Ausschreibung ist nicht leicht, man sollte hier gegenüber der LPO Zugeständnisse machen, jedoch die klassische Regelung nicht aus den Augen verlieren: Kl. E: unbedingt Reitkappe. Kl. A: Senioren eventuell Bowler. Ab Kl. L: Zylinder.

Es sollte vermieden werden, daß in den Kl. E und A mit Zylinder geritten wird. Ich habe eine Ausschreibung gelesen, nach der erlaubt war: Kl. E: Bowler oder Zylinder, Ausbindezügel erlaubt.

Wenn wir uns nicht zu den Kaspern der Reiterei machen wollen, darf so etwas nicht passieren.

Ich habe Quadrillen der Kl. A mit Zylinder und Kandare auf dem Prüfungsviereck gesehen, geritten von Reitern, die sich mit Mühe im Sattel halten konnten.

Ich habe auch schon eine Quadrille mit Zylinder und Kandare erlebt, obwohl Trense vorgeschrieben war und in einem anderen Fall eine E-Quadrille mit Zylinder, obwohl Kappe oder Bowler vorgeschrieben war.

In keinem dieser angesprochenen Fälle wurde der Start verweigert oder disqualifiziert, im zuletzt geschilderten Fall ging diese Quadrille sogar mit der goldenen Schleife nach Hause.

Veranstalter und vor allen Dingen Richter sollten den Mut haben, keine Starterlaubnis zu geben, wenn der Anzug oder die Zäumung nicht der Ausschreibung entsprechen.

Auch beim Quadrillereiten als Wettkampf sollten die Punkte »Zäumung der Pferde« und »Anzug der Reiter« nach Anforderung der LPO nicht nur ausgeschrieben, sondern bei der Prüfung auch beachtet und eingehalten werden.

Es zeigt keinen guten Stil, eine Quadrille, die den Anforderungen der Ausschreibung nicht entspricht, am Wettkampf stillschweigend teilnehmen zu lassen, um sie dann in der Wertung herauszunehmen und mit einer goldenen Schleife zum Sieger (ohne Konkurrenz) zu machen.

Diese Begebenheiten hinterlassen bei den Reitern der Quadrillen, die sich an die Ausschreibung hielten, einen bitteren Nachgeschmack. Der Quadrille-Wettkampf als neue Wettkampfart in der Reiterei sollte nicht auf dieser Basis aufgebaut werden.

Kommando oder Pfeifsignal

In den folgenden Ausführungen zur Frage, ob eine Quadrille nach Kommando, nach Pfeifsignal oder auswendig geritten werden sollte, können hier lediglich Denkanstöße gegeben werden. In den unteren Kl. E und eventuell A sollte nach Kommando geritten werden, da bei den ersten öffentlichen Auftritten die Führung durch das Kommando unbedingt notwendig ist.

Dabei stellt sich die Frage, ob das Kommando als exakte Kommandosprache wie beim Abteilungsreiten gegeben werden soll, zum Beispiel »Abteilung im Arbeitstempo Trab« – »Auf dem Zirkel geritten«, oder ob das gesprochene Wort nur eine Anweisung, ein Zuruf, so knapp wie möglich sein sollte (Zirkel, Trab, Wechseln). Ich bin der Meinung, daß der kurze Zuruf die beste Lösung bildet, ausgenommen bei Figuren, die von der gesamten Abteilung gemeinsam gleichmäßig begonnen werden müssen, beispielsweise Volte-Marsch, links um-Marsch.

Bestimmt die Ausschreibung »Auswendigreiten, Pfeifsignale erlaubt«, dann sollte die Trillerpfeife so sparsam wie möglich nur für das erwähnte gemeinsame exakte Abwenden eingesetzt werden.

Dabei müßte man in einer 12-Minuten-Quadrille mit etwa fünf bis sechs Pfeifsignalen auskommen. Es versteht sich von selbst, daß der Pfeifton nicht mit den Fingern im Mund erzeugt werden sollte. Den Idealfall stellt die auswendig gerittene Quadrille ohne Kommando und Pfeifton dar, doch dazu gehören erfahrene Reiter, Pferde in entsprechendem Ausbildungsstand und viel Trainingsarbeit.

Die Meinungen in dieser Frage, Kommando oder Pfeifton, gehen weit auseinander.

Dem einen ist das Kommando zu militärisch, ein Festhalten an preußische Untertanen- und Kasernenhofzeit.

Den anderen stört das Pfeifen, das an Fußballplatz und Massensport erinnert, eine weitere Meinung besagt, daß das Reiten nach Pfiff das Primitivste darstellt, was man in der Reiterei bieten kann. Der Pfiff stört ganz sicher eine festliche Atmosphäre, zum Beispiel einen Pas de quatre nach einem HAYDN-Menuett.

Eine nicht uninteressante Meinung ist folgende: Die getanzte klassische Quadrille wurde vom Haushofmeister mit gesprochenem Wort geleitet. Dieses Kommando (in französischer Sprache) ist, wie die Musik, Bestandteil der Quadrille, wie auch bei militärischen Feierstunden (großer Zapfenstreich) das laute prägnante Kommando zum Ablauf des Geschehens gehört.

Man sollte auch in der Quadrille das Kommando in französischer Sprache in Betracht ziehen: voltieren (volter), changieren (changer), tournieren (turner), Moulinet, Echelons usw.

Nach eingehender Beleuchtung aller Argumente komme ich persönlich zu folgendem Schluß:

1. In Kl. E reiten nach Kommando, in Kl. A entweder nach Kommando oder auswendig, ab Kl. L auswendig reiten.
2. Das Reiten nach Kommando sollte auf knappe Zurufe erfolgen, um ein unaufhörliches »Gebrülle« zu vermeiden.
3. Beim Auswendigreiten sollte man das *unbedingt notwendige* Ausführungskommando nicht mit Pfeifsignal, sondern mit dem Wort »Marsch« geben – also nicht »Volte-Marsch«, »linksum-Marsch«, sondern nur »Marsch«.

Veranstalter, Landeskommissionen und die Verantwortlichen für eine zu schaffende Quadrille-Ordnung sollten sich über dieses Thema Gedanken machen. Innerhalb einer Prüfung aber sollte unbedingt eine feste Anweisung bestehen, die bereits in der Ausschreibung bekanntzugeben ist.

Richtverfahren

Neben der üblichen Angabe des Richtverfahrens sollte unbedingt gesagt werden, nach welchen Kriterien die dressurmäßige Arbeit, die Musik, die Choreographie beurteilt werden. Falls ein Bewertungsbogen verwendet wird, ist dieser unbedingt der Ausschreibung beizulegen.

Alle bisher besprochenen Punkte gehören in die Ausschreibung. Sie sind in *Tab. 11* noch einmal zusammengefaßt:

Tab. 11

Kategorie	Zeitdauer der Vorstellung
Klasse mit geforderten Lektionen	(Mindestzeit – Höchstzeit)
Altersgruppen	Zäumung
Zahl der Pferde	Anzug
(Großpferde, Ponys)	Kommando oder auswendig
	Richtverfahren mit Bewertungsbogen

Die Durchführung des Quadrille-Turniers

Richtverfahren und Bewertungsbogen

Die Klärung des Richtverfahrens ist einer der wichtigsten Punkte. Hierbei sollte der Veranstalter in einer Vorbesprechung mit den Richtern in allen Einzelheiten zu einer Lösung kommen. Ich möchte Ihnen einen Bewertungsbogen vorstellen, der vom »Arbeitskreis Quadrille-Wettkampf« des Landesverbandes Hamburg entwickelt wurde und sich auf vielen Turnieren bereits bewährt hat.

Nach diesen Bewertungsrichtlinien wird nach zwei Kriterien gerichtet.

I Kriterien des Dressurreitens

Hier erfassen wir all die Dinge wie in normalen Dressurprüfungen.

II Kriterien des Quadrillereitens

Hier wird das Schaubild, die Musik, die Choreographie erfaßt und mit einem Faktor multipliziert, es hat sich der Faktor 2 bewährt.

III Abzüge

Die genau festgelegten Abzüge verschaffen den Richtern ein gutes Gewissen und bringen die Endsummen etwas mehr auseinander. Das Verlassen der Bahn eines Pferdes, was bei Dressurprüfungen zum Ausschluß führt, sollte man bei der Quadrille mit einem kräftigen Abzug bestrafen. Damit gibt man einer guten Vorstellung die Chance, weiter zu reiten, verhindert aber mit dem harten Abzug den Sieg.

Wie aus dem Bewertungsbogen ersichtlich, soll durch den Multiplikator die Gruppe des Quadrillereitens besonders gewertet werden. Hier werden durch die Vielfalt der Bewertungspunkte präzise Maßstäbe gesetzt und Anforderungen gestellt (s. Seite 67).

Zur Benotung der Anfangsaufstellung muß gesagt werden, daß die Anfangsaufstellung mit Gruß nicht unbedingt im Halten gefordert werden sollte. Unsere großen Vorbilder, wie zum Beispiel die Wiener Hofreitschule, Grüßen in der Bewegung auf der Mittellinie. Man sollte unbedingt den Gruß in der Bewegung bewerten, im Galopp sogar anerkennend bewerten.

Über das Richten von Einzel-Kür- und Mannschafts-Kür-Prüfungen wurden von namhaften Richtern in den letzten Jahren in Veröffentlichungen bereits wertvolle Hinweise gegeben. Im Mitteilungsblatt der Deutschen Richtervereinigung 12/83 befaßt sich Dr. Dietmar Specht eingehend mit dem Thema »Das Richten von Mannschafts-Kür-Dressurprüfungen«. (Bei dieser Gelegenheit möchte ich anregen, daß die Landeskommissionen in ihren Richterlisten diejenigen Richter benennen, die praktische Erfahrungen bei Quadrillewettkämpfen bereits gesammelt haben).

Auch das im Jahr 1986 gegründete *Deutsche Kuratorium Quadrillen-Reiten* hat den Bewertungsbogen des *Hamburger Arbeitskreises Quadrillen-Wettkampf* mit geringfügigen Änderungen übernommen.

Bewertungsbogen

Quadrillen-Wettkampf

Prüfung Nr.: ______________

Mannschaft: ______________

Pferdeschau am: ______________

in: ______________

vorgestellt von: ______________

A-Noten: AUSFÜHRUNG = Kriterien des Dressurreitens	Note	Bemerkungen
1. Schritt		
2. Trab		
3. Galopp		
4. Schwung		
5. Rittigkeit (Losgelassenheit, Durchlässigkeit, Gehorsam; für Kl. L und höher insbes. Versammlung)		
6. Sitz und Einwirkung		
7. Geforderte und gezeigte Lektionen und Kriterien (ob und wie gezeigt, s. Anforderungen II); Hufschlagfiguren der nächsthöheren Klasse		
Summe A		

B-Noten: KÜNSTLERISCHE GESTALTUNG = Kriterien des Quadrillereitens		
1. Herausbringen der Abt. (Anzug, Sattelung, Zäumung, Zusammenpassen der Pferde einschl. Quadr.-Leiter)		
2. Inhaltlicher Ideenreichtum (Choreographie)		
3. Schwierigkeit		
4. Abstimmung auf die Musik (Übereinstimmung und Gleichmaß)		
5. Frische		
6. Harmonie		
7. Korrektheit der Figuren (Hufschlag, Abstände, Zwischenräume, Disziplin, insbes. Anfangs- u. Schlußaufstellung)		
Summe (x Faktor 2, soweit nicht anders ausgeschrieben)		
Summe B		

Wertnoten:

10 = ausgezeichnet	4 = mangelhaft
9 = sehr gut	3 = ziemlich schlecht
8 = gut	2 = schlecht
7 = ziemlich gut	1 = sehr schlecht
6 = befriedigend	0 = nicht ausgeführt
5 = genügend	

ES WERDEN NUR GANZE NOTEN GEGEBEN!

C) ABZÜGE	Punkte	Punkte	Bemerkungen
1. Hilfszügel je Pferd (in Kl. E Ausbindezügel oder Stoßzügel	./. 2		
2. Ungehorsam je	./. 3		
3. Verreiten je	./. 6		
4. Verlassen der Bahn je Pferd	./. 14		
5. je Neu-Formierung	./. 14		
6. je Sturz Reiter u/o Pferd	./. 14		
7. Geforderte, jedoch nicht gezeigte Lektionen	je ./. 10		
8. Sonstige störende Vorkommnisse (Abzug nach Ermessen)	./.		
Summe C			

	Punkte
Summe A	
Summe B	
Summe A + B	
evtl. ./. Summe C	
ENDERGEBNIS	

Unterschrift des Richters: ______________

Anlage zum Bewertungsbogen

Anforderungen

I.

Die Quadrille ist ein Formationsreiten. Synchroner Figurenlauf ist die Grundlage der Vorführung. Die Musik soll als bedeutender Bestandteil der Quadrille auf die jeweiligen Gangarten und Figuren abgestimmt sein.

Die Quadrille unterliegt der freien Gestaltung in Choreographie und künstlerischer Darstellung, sie lebt aus der Frische der Vorwärtsbewegung; deshalb sollten Halten und Standfiguren aller Reiter gleichzeitig vermieden werden.

Die Wahl der Musik sei diese klassisch oder modern ist in das freie Ermessen gestellt.

Die Quadrille findet ihr historisches Vorbild im klassischen Ballett und ist in ihrer Vollendung ein »Tanz zu Pferde«.

II.

1. Die Quadrillen-Vorstellung hat im Rahmen der Lektionen der entsprechenden Dresurklasse zu erfolgen.
2. Zu den Klassen wird folgendes gefordert:
   Klasse E: Grundgangarten, jedoch ohne Tempoverstärkung.
   Klasse A: Grundgangarten mit Tempoverstärkung.
   Klasse L: Zusätzlich versammelte Gangarten, Außengalopp auf beiden Händen und Volten im Galopp.
   Dazu sollen die wesentlichen Kriterien der jeweiligen Klasse gezeigt werden.
   Die vorgegebenen Gangarten müssen von allen Pferden gezeigt werden (z. B. bei Klasse L der Außengalopp).

3. Halten und Wendungen aus dem Halten können gezeigt werden,werden aber nicht gefordert. Rückwärtsrichten ist zu vermeiden.
4. *Lektionen* einer höheren Klasse sollten nicht gezeigt werden und führen nicht zur Besserbewertung, jedoch sind *Hufschlagfiguren* einer höheren Klasse zugelassen (Bewertung insbesondere Position A 7).
5. Die freie künstlerische Gestaltung erlaubt auch bisher unübliche Hufschlagfiguren.

III.

1. Kommando:

in Klasse E:	Kommandos *oder* Pfeifsignale erlaubt, (es darf auswendig geritten werden);
in Klasse A:	wie in Klasse E;
in Klasse L:	es ist auswendig zu reiten, Pfeifsignale erlaubt (Pfeifen auf den Fingern ist nicht zulässig).

   Für Kommandos (bei Klasse E und A) oder Pfeifsignale keine unterschiedliche Bewertung.
2. Zur Vorstellung einer Quadrille gehört der Gruß, eine Meldung erfolgt nicht.
3. Bei einer Außenanlage steht der Quadrillen-Leiter außerhalb des Viereckes bei B oder E, in der Halle nach Ermessen (der Standort sollte aber nicht gewechselt werden).
4. Korrekturen durch den Quadrillen-Leiter oder der Reiter untereinander sind nicht zulässig, ggf. erfolgt Punktabzug.

Abb. 8: Quadrille-Championat Hamburg 1984: A-Quadrille »Keil über die Länge«. Reiterverein am Bredenbeker Teich/Hamburg (Foto: D. Theinert)

Das größte Problem bei allen Reit-Wettkämpfen mit Musik ist die Bewertung der Übereinstimmung mit der Musik – das trifft zu für Einzelkür, Pas de deux, Quadrillen und Fahr-Küren.

Anweisungen oder Empfehlungen auf dem Gebiet der Choreographie, Beurteilung der Musik usw. fehlen auch in der neuen »LPO 1986« völlig; Sätze wie »maßgebend ist der Gesamteindruck« und »freies Ermessen« führen zu keiner zufriedenstellenden Lösung. Ein Richter ist überfordert, der sich die Note für die choreographisch-musikalische Beurteilung nach freiem Ermessen aus dem »Handgelenk schütteln« soll; es sei denn, es handelt sich um einen sehr musikalisch begabten Richter (*Abb. 8*).

Sehr wichtig bei der Beurteilung von Reitvorführungen mit Musik ist eine einheitliche Grundauffassung der Reiter bzw. Quadrillenleiter *und* der Richter. Dabei muß als Grundsatz gelten: Beurteilt wird nicht der künstlerische Wert der Musik, sondern hauptsächlich die Übereinstimmung des Rhythmus der Musik mit dem Gang der Pferde – ob Schlager, sinfonisch, modern oder klassisch, die Übereinstimmung wird gewertet.

Das *rhythmische* Empfinden eines Richters ist somit wichtiger als seine Kenntnisse in Musik und sein musisches Gespür, obwohl ein Richter mit viel Musikalität selbstverständlich den Idealfall darstellt.

Es soll hier versucht werden, über eine »Auflistung« zu einer Wertnote zu kommen, die – besser als das freie Ermessen – die Möglichkeit gibt, dem Quadrillenleiter bzw. bei der Einzelkür dem Reiter auch exakte Auskünfte über seine Beurteilung zu geben. Wohlbemerkt handelt es sich im folgenden nur um die Bewertung der choreographisch-musikalischen Ausführung, nicht um die reiterliche Leistung.

Die Benotung einer Quadrille erfolgt nach zwei Hauptkriterien: Nach der dressurmäßigen Leistung und nach dem künstlerischen Gesamteindruck. Bei einer Einzelkür gelten die gleichen Grundsätze.

Der künstlerisch-musikalische Gesamteindruck setzt sich wie folgt zusammen:

a) aus der taktmäßigen Übereinstimmung der Musik mit dem Gang des Pferdes,
b) aus der Übereinstimmung der Phrasierung der Musik mit der Tempoverstärkung,
c) aus der exakten Übereinstimmung beim Wechsel von einer Gangart in die andere,
d) aus der Übereinstimmung der Musik mit Anfangs- und Schlußgruß,
e) aus der Beurteilung der gesamten Harmonie = der Gesamteindruck.

Um eine gerechte Beurteilung zu finden, müssen wir von einer Null-Basis ausgehen. Die Null-Basis ist gegeben, wenn nicht einer der aufgelisteten Punkte erfüllt wurde, wenn also die Musik lediglich als Geräuschkulisse mitläuft. Die jeweils gezeigten Leistungen bringen bei einwandfreier Ausführung einen Punkt, bei mäßiger Ausführung 1/2 Punkt, nicht erfüllte Leistungen bringen 0 Punkte.

1. Übereinstimmung im Schritt
2. Übereinstimmung im Trab
3. Übereinstimmung im Galopp
4. Übereinstimmung mit Tempoverstärkung
5. Übereinstimmung mit 1. Gangartwechsel
6. Übereinstimmung mit 2. Gangartwechsel
7. Übereinstimmung mit Anfangsgruß
8. Übereinstimmung mit Schlußgruß
9. Gesamteindruck

Mit je einem Punkt benotet, ergibt eine vorbildliche Vorstellung in der choreographisch-musikalischen Gestaltung die Wertnote 9.

Bei den Ziffern 1–8 wird, wie bereits erwähnt, mit einem bzw. 1/2 Punkt benotet, bei der Ziffer 9 sollte man von 1/2 bis 2 Punkte beurteilen, um der künstlerischen Gestaltung besonderen Wert beimessen zu können.

Die gesamte Arbeit gestaltet sich nicht einfach, aber es wird damit ein überschaubarer und durchsichtiger Weg gefunden.

Obiges Punktsystem läßt sich nicht nur für Quadrillenwettkämpfe, sondern auch für Einzelküren, Pas de deux usw. verwenden.

Diese hier vorgestellte Bewertung nach einem Punktsystem findet sicher nicht nur Freunde und Zustimmung. Dressur soll in der Vollendung Kunst sein, bei der Einzelkür wie bei der Quadrille ein harmonischer Tanz mit dem Pferd.

Leider wird die Kunst in den Leistungsprüfungen sehr oft verdeckt, weil nicht sie, sondern der meßbare Erfolg entscheidet. Damit müssen wir leben – auch beim Quadrillenreiten. Es geht aber bei dem hier empfohlenen System hauptsächlich darum, das »aus dem Ärmel geschüttelte« freie Ermessen zu ersetzen mit einer vertretbaren besseren Lösung. In der Ziffer 9 (Gesamteindruck) bleibt dann immer noch genügend Raum (2 Punkte), um den harmonisch-künstlerischen Charakter einer Vorstellung zu bewerten und evtl. positiv zu beeinflussen.

Bei der Durchführung der Prüfung hat sich das Richten von zwei Prüfungen im Wechsel (zum Beispiel Junioren und Senioren) durch zwei getrennte Richtergruppen bewährt. Auf diese Weise erhält die jeweilige Richtergruppe Zeit für die abschließende Bewertungsarbeit, und auf dem Viereck kann bereits die nächste Quadrille gehen.

Auch für die Zuschauer bietet diese Regelung mehr Unterhaltung und Darbietung.

Als richterliches Hilfsmittel soll ein Schema zum Abhaken der gezeigten Lektionen vor allen Dingen in den Klassen ab A aufwärts dienen (*Tab. 12*).

Das Prüfungsviereck

Das Viereck, auf dem die Prüfung stattfindet, muß selbstverständlich mit den Maßen 20 x 40 m und vom Boden her den Anforderungen der LPO entsprechen. Dies gilt auch für die Ausschilderung mit Bahnzeichen, für die Begrenzung usw. Die Richter sitzen wie üblich bei C, der Einritt sollte sich bei A befinden, damit die Abteilung von außen her gleich auf die Mittellinie gehen kann.

Neben dem Prüfungsviereck muß ein weiteres Viereck mit den Maßen 20 x 40 m für die jeweils sich vorbereitende Quadrille zur Verfügung stehen. Weiterhin sollte ein Abreiteplatz zum ersten Lösen nach dem Entladen vorhanden sein.

Tab. 12: Schema zum Abhaken der gezeigten Lektionen

Klasse A	gezeigt	Note
Schritt	________	______
Arbeitstrab	________	______
Mitteltrab	________	______
Arbeitsgalopp	________	______

Klasse L	gezeigt	Note
Arbeitstrab	________	______
Mitteltrab	________	______
versammelter Trab	________	______
Arbeitsgalopp	________	______
Mittelgalopp	________	______
versammelter Galopp	________	______
Außengalopp	________	______
Galoppvolte	________	______

Fehlende Lektionen müssen zu Punktabzügen führen! Großpferde und Ponys sollten auf alle Fälle in getrennten Prüfungen gerichtet werden.

Die musiktechnische Anlage

Die Musik, auch in Bezug auf die Qualität der Wiedergabe, ist ausschlaggebend für die Vorführung der Quadrille.

Leider wird das Kriterium »Musik« oft beim Erstellen der Wiedergabeanlage völlig vernachlässigt. Die Quadrille muß auch zum *musikalischen* Erlebnis werden und mit der reiterlichen Vorstellung zu einer Einheit verschmelzen. Dies setzt eine technisch einwandfreie Anlage voraus.

Die Industrie bietet heute Bänder von ausgezeichneter Qualität an, und der Quadrilleleiter wird, um eine bestmögliche Wiedergabe zu erzielen, zu diesen Produkten von hoher Qualität greifen. Wie enttäuscht muß er sein, wenn sein Bemühen um beste Klangqualität umsonst war, wenn er dann auf Turnieren Anlagen vorfindet, die seine gesamte vorbereitende Arbeit zunichte machen.

Die Anforderungen für eine einwandfreie Wiedergabe sind: Regulierbarkeit der Lautstärke, getrennte Einstellmöglichkeit für hohe Töne und Bässe, wünschenswert die Regulierbarkeit der Laufgeschwindigkeit, der Lautsprecher am Wiedergabegerät muß abschaltbar sein, damit die Hilfskraft am Gerät die Lautstärke auf dem Viereck wahrnehmen kann.

Die Anordnung der Lautsprecher muß »hörgerecht« für Reiter und Publikum installiert sein.

Der Reiter benötigt die Musik im eigenen Ohr zur Inspiration, wie er es vom Üben her gewöhnt ist, und er fühlt sich hilflos und alleingelassen, wenn er »seine« Musik, die ihm ja beim Auswendigreiten die Hilfe für seine Einsätze, Figuren, Tempowechsel usw. gibt, aus den Ohren verliert.

Die Musikwiedergabe steht in der Rangliste der Anforderungen ganz oben, dies sollte jeder Veranstalter dringend beachten.

Ich hatte Gelegenheit, einen kommerziellen Video-Film von der Einzelkür der Weltmeisterschaft in Lausanne zu sehen.

Was man auf diesem Film akustisch bot, spottete jeder Beschreibung. Das Ohr wurde in einer Art strapaziert, daß selbst bekannteste Melodien (zum Beispiel »An der schönen blauen Donau«) nur mit Mühe wahrgenommen und erkannt werden konnten.

Wahrscheinlich kam dieser akustische »Salat« deshalb zustande, weil die Schallwellen der einzelnen, in unterschiedlicher Entfernung zum Aufnahmemikrofon stehenden Lautsprecher nacheinander das Mikrofon trafen und somit eine Art Halleffekt erzielten.

Wer sich mit der Herstellung solcher Filme befaßt, sollte sich vorher ein paar Lektionen Fotografie und Physik anlesen. Vor allen Dingen sollte man die Schallgeschwindigkeit kennen (332 m/s). Das bedeutet, daß der Schall aus zwei Lautsprechern, die in unterschiedlicher Entfernung zum Mikrofon stehen, beispielsweise 330 m und 165 m, mit einer Differenz von einer halben Sekunde ankommt.

Man kann sich vorstellen, welches Klangergebnis vier Lautsprecher, in unterschiedlichen Entfernungen angebracht, erzielen.

Jeder Turnierveranstalter sollte sich mit diesem Thema befassen, um optimale Hörergebnisse, auch für die Zuschauer, zu erreichen. Quadrillen-Turniere und sämtliche Prüfungen mit Musik leben von und mit der Qualität der Musikübertragungen.

Empfehlungen für den Ausbilder

Aus meiner langjährigen Erfahrung bei der Arbeit mit Quadrillen und bei der Vorstellung auf Turnieren möchte ich an die Ausbilder und Quadrille-Leiter ein paar Empfehlungen weitergeben.

Zunächst ein paar Worte zur Übungsarbeit. Besorgen Sie sich so früh wie möglich vor dem Turnier einen Bewertungsbogen, nach dem gerichtet wird, und informieren Sie auch Ihre Reiter über die einzelnen Bewertungskriterien. Arbeiten Sie immer wieder am Sitz. Legen Sie Wert auf schwungvolle Gänge, wir reiten ja nach dressurmäßigen Grundsätzen. Auch die Anfangs- oder die Schlußaufstellung mit dem Gruß bedürfen präziser Ausführung.

Arbeiten Sie immer erst an den einzelnen Lektionen und Figuren ohne Musik, und vergessen Sie nicht, während der Übungsstunden die Pferde immer wieder einmal strekken zu lassen.

Mancher Fehler, vor allen Dingen bei der Galopparbeit zu Paaren, liegt an den fehlenden Dehnungspausen, und weiterhin meist daran, daß die Reiter mit dem inneren Zügel zu fest sind.

Bei der Auswahl der Pferde entscheiden Sie sich besser für ein verläßliches Verleihpferd als für ein Pferd mit viel Schwung, aber dem Risiko, im entscheidenden Moment durchzudrehen.

Ich habe festgestellt, daß Recorder mit unterschiedlichen Laufgeschwindigkeiten arbeiten. Auf Anfragen bei Herstellerfirmen wurde mir mitgeteilt, daß es eine DIN-Norm für Recorder gibt mit einer zulässigen Toleranz für sogenannte Konsum-Recorder. Die Toleranz beträgt 3 %, und das bedeutet für unsere Arbeit, daß eine Abweichung von der Norm von 3 % bei einer 12-Minuten-Quadrille eine Differenz von 21 Sekunden ergibt.

Nehmen wir den Fall an, Ihr Gerät beim Üben der Quadrille läuft 3 % schneller als die Norm, das Gerät bei der Prüfung auf dem Turnierplatz läuft 3 % langsamer als die Norm, dann entsteht eine Differenz von 42 Sekunden!

Sie können sich vorstellen, in welche Schwierigkeiten Sie bei der letzten Grußaufstellung kommen, wenn Sie nach festgelegter Musik reiten.

Sie müssen sich deshalb bei der Übungsarbeit auffallende Phasen in der Musik merken, die mit bestimmten Figuren übereinstimmen sollen. Dann können Sie erkennen, ob Sie richtig in der Zeit sind oder zu früh oder zu spät.

Bauen Sie deshalb in die Schlußphase der Quadrille, am besten kurz vor der Schlußaufstellung, eine Alternativfigur ein, wodurch die Vorstellung um einige Sekunden verkürzt oder verlängert werden kann. Dies gilt vor allen Dingen für Vorstellungen, bei denen Sie mit dem Gruß zur Schlußaufstellung auch den Schlußakkord des Musikstükkes präzise erreicht haben wollen.

Eine Möglichkeit, diese Zeitdifferenzen auszuschalten, sehe ich auch darin, Ihren eigenen Recorder mitzubringen und an die Anlage anzuschließen.

Die Vorstellung der Quadrille auf dem Turnier

Überprüfen Sie vor dem Start Sattlung und Zäumung und vor allen Dingen den Sitz der Bandagen. Ich habe Vorführungen gesehen, bei denen sich Bandagen lösten, bei denen Reiter mit offener Jacke und wedelnder Krawatte ritten.

Bestimmen Sie eine Hilfskraft, die unmittelbar vor dem Start, wenn Sie mit anderen wichtigen Dingen beschäftigt sind, noch einmal Sattlung, Zäumung und den Anzug überprüft.

Einen zweiten Helfer benötigen Sie für die Musik am Wiedergabegerät. Vereinbaren Sie mit ihm Handzeichen für die Lautstärke sowie für Höhen und Bässe. Eine musikalische Hilfskraft kann Höhepunkte herausarbeiten und *zu* leise Stellen entsprechend ausgleichen.

Richter haben oft auch ein Auge für kleine Dinge. Es fällt ihnen angenehm auf, wenn sämtliche Mähnen nach der gleichen Seite eingeflochten sind oder auch beim ersten Aufmarsch die nach »M« stehenden rechts und die nach »H« stehenden links.

Die Ansteckblume sollte nicht zu schwer sein, sonst besteht die Gefahr, daß sie herunterhängt oder sich dreht.

Abb. 9: Quadrille-Championat 1984: A-Quadrille, Siegerehrung. Reiterverein am Bredenbeker Teich/Hamburg (Foto: D. Theinert)

Auch sollten die Damen möglichst die gleiche Frisur tragen. Gewiß sind das Nebensächlichkeiten, die sich aber bei der Note »Herausbringen« positiv auswirken.

Der Quadrilleleiter steht am besten außerhalb des Viereckes bei B oder E, je nach Windrichtung und Sonnenstand.

Wenn nach Kommando geritten wird, dann müssen diese laut und deutlich sein. Sind Pfeiftöne erlaubt, dann muß der Pfiff mit der Trillerpfeife und nicht mit den Fingern geschehen.

Beim Schlußaufmarsch steht der Leiter am besten in der Mitte vor oder am rechten Flügel neben der Abteilung. Achten Sie auf einen exakten und gleichmäßigen Gruß (*Abb. 9*).

Die Kommandos sollten Sie auswendig geben und nicht ablesen, nur wenn Sie mehrere Quadrillen vorstellen, sollten Sie einen Merkzettel zur Hilfe nehmen.

Daß Sie eine schwungvolle Musik für den Ausmarsch gewählt haben, versteht sich von selbst. Der Ausmarsch kann in allen Gangarten erfolgen. Für die Klassen E und A würde ich Schritt oder Trab vorschlagen, ab Kl. L eignet sich auch Galopp.

Eine strittige Frage bei der Vorstellung einer Quadrille ist, ob der Quadrilleleiter zu Fuß vorstellt oder zu Pferde. Stellt er zu Pferde vor, muß geklärt werden, wo er Aufstellung nimmt, oder ob er an der Téte mitreitet.

Die Entscheidung in dieser Frage hängt von verschiedenen Dingen ab.

Bei Junioren und bei Senioren in Quadrillen der Klassen E und A sollte der Leiter zu Fuß außerhalb des Viereckes stehen. Da bei der gesamten Trainingsarbeit der Ausbilder ständig überwachen und korrigieren muß, gehört er nicht auf das Pferd. Um den Figuren der Quadrille nicht dauernd im Wege zu stehen, sollte er bei der Vorstellung seinen festen Platz bei B oder E haben.

Ab Kl. L muß diese Frage individuell behandelt werden. Stellt der Quadrilleleiter zu Pferde vor, dann sollte das Niveau der Vorstellung gut und der Quadrilleleiter ein vorzüglicher Reiter sein.

Bei den Galavorstellungen der berühmten Quadrillen, Cadre noir, Deutsche Schulquadrille der Kavallerieschule Hannover, Wiener Hofreitschule, ritten bzw. reiten die Leiter an der Téte.

Gesetzliche Bestimmungen

Ich setze voraus, daß der Veranstalter eines Quadrille-Turnieres bereits Erfahrungen bei der Ausschreibung und Durchführung von Turnieren gesammelt hat und somit mit den Vorschriften der LPO vertraut ist. Da aber auf einem Quadrille-Turnier die Darbietung der Musik als »Dauererscheinung« den ganzen Tag anhält, möchte ich auf die sogenannte »Lautsprechergenehmigung« hinweisen. Die Betreibung eines Lautsprechers in der Öffentlichkeit ist genehmigungspflichtig. Die Genehmigung muß bei der Behörde eingeholt werden.

Als weitere Bestimmung müssen die GEMA-Vorschriften beachtet werden. Die GEMA, Gesellschaft für musikalische Aufführungsrechte, vertritt die Urheberrechte der Komponisten und Musikverleger. Sämtliche Musikaufführungen sind genehmigungspflichtig. Zwischen dem Deutschen Sportbund und der GEMA bestehen Sondervereinbarungen, die auch Reit- und Fahrturniere betreffen.

Ob ein Turnier meldepflichtig ist oder nicht, richtet sich nach der Höhe der Besucherzahlen und der Eintrittsgelder.

Es ist zu empfehlen, in dieser Sache den zuständigen Landesverband der Reit- und Fahrvereine zu befragen.

Schlußbetrachtung

Am Schluß meiner Ausführungen angelangt, hoffe ich, daß es mir gelungen ist, den Leser in die Gebiete der Quadrillen-Musik und des Quadrillen-Wettkampfes einzuführen.

Dabei hoffe ich, für diese schöne und relativ neue Wettkampfart Freunde gewonnen zu haben, doch konnte sicher auch mancher erfahrene Quadrillenleiter Anregungen und vor allen Dingen neue Musikbeispiele entdecken.

Die Ausschreibungen von Dressur-Küren als Einzelkür oder Paarklasse mit eigener Musik erfreuen sich in den letzten Jahren zunehmender Beliebtheit, und ich habe bei der Sammlung von passender Reitmusik großen Wert auch auf dieses Gebiet gelegt. Hörte ich gerade hier Begleitmusik, die oft verbesserungswürdig gewesen wäre. Auch diesen Reitern biete ich neues Musikmaterial an.

Ganz besonders am Herzen liegt mir der Wunsch, auch im Zeitalter des Breitensportes den alten Geist der klassischen Reiterei zu pflegen und zu erhalten. Den Geist, der gebildet und geformt wurde durch große Namen wie GUSTAV STEINBRECHT, HANS von HEYDEBRECK, WALDEMAR SEUNIG, ALOIS PODHAJSKY, FELIX BÜRKNER, GUSTAV RAU.

Wir stehen wieder einmal, so meine ich, an einem Scheideweg der Reiterei, wie 1918 und 1945. Handelte es sich damals, am Ende der beiden großen Kriege, um Wiederaufbau und Neubeginn der Deutschen Reiterei, so liegen heute die Probleme in der Vermassung, die die Gefahr der Verwässerung und des Verfalles mit sich bringen.

Es müssen Weichen gestellt und Maßstäbe gesetzt werden. Der Weg geht entweder in die Richtung, die wir täglich wahrnehmen können: In die wilde Chaoten- und Westernreiterei, in die explosionsartig zunehmende Fortbewegungsart von Jugendlichen und vor allen Dingen von Erwachsenen auf Ponys. (Kinder und Jugendliche sollen gern auf Ponys reiten lernen, sie müssen aber mit Verstand und fachkundiger Anleitung in die Grundbegriffe der Reiterei eingeführt werden) (*Abb. 10*).

Abb. 10: Eine frisch-fröhliche Ponyquadrille des Reitervereins Berlin-Lichtenrade (Foto: H. Menzendorf)

Abb. 11: Pas de quatre - Trabvolte an der langen Seite. Reiterverein am Bredenbeker Teich/Hamburg in der Messehalle 1984 (Foto: D. Theinert)

Damit soll nichts Negatives gesagt sein gegen die Menschen, die, statt mit ihren eigenen Beinen zu gehen, sich auf Pferden durch die Gegend tragen lassen und frische Luft atmen, nichts gegen diejenigen, die ihr Pferd als Transportmittel umherlenken und viel Spaß und Freude daran haben.

Das große Heer dieser *nur* Busch- und Spazierreiter im Zeitalter des Breitensports zählt sicher mehr als einige Zehntausend. Sie alle sind Reiter mit Liebe zu ihrem Tier und ehrlicher Passion. Aber mit Reitkunst im klassischen Sinne der Quadrille-Reiterei, die wir hier anstreben, hat dieses Reiten nichts zu tun, und es bleibt jedem Betrachter überlassen, ob der Anblick eines schwergewichtigen Erwachsenen auf einem Pony Schönheit und Ästhetik ausstrahlt.

Der andere Weg in die Zukunft der Reiterei führt in die Richtung zur Harmonie, zur Schönheit, zur klassischen Reitkunst. Auch wenn wir sie in der Vollendung nie erreichen, müssen wir ihrem Vorbild nachstreben (*Abb. 11*).

Gerade mit der Quadrille lassen sich klassische Traditionen pflegen.

Es muß unbedingt vermieden werden, daß die Quadrille sich als neue Turnier-Sparte in die negative Richtung entwickelt, gar zur Harlekinade wird.

Lassen Sie uns dieses Reiten mit schöner Musik pflegen, und erfreuen wir uns und andere immer wieder beim Tanz mit den Pferden, einem kultivierten Tanz von gebändigter Kraft und schwerelosem Spiel im Geiste der klassischen Reitkunst.

Dritter Teil – Wissenschaftliche Betrachtungen zum Reiten mit Musik

Einführung

Wenn man sich über viele Jahre hinweg mit Reitunterricht mit dem Schwerpunkt Quadrillereiten befaßt, dann stellen sich irgendwann Gedanken ein, die über das reiterlich Handwerkliche und das formal Musikalische hinausgehen.

So sehe ich das klassische Ballett immer wieder als Vorbild für das Quadrillereiten, weil es getanzte Musik darstellt, in körperliche Bewegung umgesetzte Musik zeigt.

Die nächste Überlegung geht weiter zur Bewegungslehre, zur Rhythmik und weiter bis hin zur Musikgeschichte und Musiktherapie.

Irgendwann stellt sich dann auch die Frage: Wie wirkt die Musik auf den Reiter?

Zur Beantwortung dieser Frage möchte ich zunächst auf persönliche Erfahrungen und Erinnerungen aus meiner Schulzeit zurückgreifen.

Es war in den Jahren der Quarta und Untertertia, wir hatten sonnabends von 13.00 bis 14.00 Uhr Chor. Unser Musiklehrer, Studienrat Reichelt, ein Vollblutmusiker, vermittelte uns Musik von Grund auf. Von: do, re, mi, fa, so, la, ti, do bis zum vierstimmigen Knabenchor und von »Zehntausend Mann, die zogen in's Manöver« bis zu »Tochter Zion, freue Dich« vollzog sich die Chorausbildung.

Ich erinnere mich genau an die Minuten nach Beendigung der Chorstunde, in denen eine Horde musikalisch eingestimmter Jungen singend die Treppe vom Chorraum hinunter stürmte, aus voller Kehle jubilierend: »Tochter Zion, freue dich, jauchze laut Jerusalem!«.

Wenn ich mich zurückversetze, empfinde ich noch heute die unbekümmerte, fröhliche Stimmung dieser Musik.

Unter dem Gesichtspunkt des heutigen Wissens möchte ich die damalige Stimmung mit dem Satz charakterisieren: Der Leib wurde zum Instrument der Seele.

Die gleiche Erinnerung an solche Stimmungen habe ich für die Minuten nach Beendigung der wöchentlichen Orchesterprobe des Schulorchesters beim Einpacken der Instrumente. Die sogenannten »schönen Stellen« aus den gespielten Stücken nahm das Unterbewußtsein mit. Noch heute erinnere ich mich an Themen aus der »Abschiedssinfonie« von HAYDN oder aus HINDEMITHS »Wir bauen eine neue Stadt, die soll die allerschönste sein«.

An ähnliche Erlebnisse erinnere ich mich aus dem Elternhaus. Mein Bruder spielte Klarinette und Tenorhorn, ich spielte Violine und etwas Klarinette. Wir legten uns am Sonntagvormittag auf dem Grammophon (mit Handkurbel) eine Platte auf, zum Beispiel den Marsch »Frei Weg«. Diesen Marsch liebten wir besonders, weil es der Regimentsmarsch des in meiner Heimatstadt Plauen/Vogtland stationierten Bataillons des I. R. 134 war.

Zu diesem Marsch spielten wir beide auf unseren Instrumenten mit, mehr laut als schön, ein Sich-musikalisch-Austoben aus fröhlichem Herzen.

Ob man dies als Pubertätserscheinung, als Geltungsstreben oder sonstwie psychoanalytisch deutet, das gravierende Erlebnis bleibt: Ein euphorischer Seelenzustand, hervorgerufen durch die Musik.

Auch in jüngster Zeit empfinde ich ähnliche Stimmungen. Ich musiziere in einem Streichtrio und erlebe zum Schluß des gemeinsamen Spielens immer wieder die beschriebene heiter-gelöste harmonische Stimmung, die über eine sich anschließende Flasche Wein hinweg bis in den Schlaf hinein anhält.

Nun muß hier die Frage gestellt werden, warum ich dies alles erzähle und was das Reiten nach Musik mit diesen geschilderten persönlichen Erlebnissen zu tun hat.

Die Antwort lautet: Weil ich bei meinen Quadrille-Übungsstunden, vorausgesetzt sie verlaufen erfolgreich, bei mir und auch bei meinen Reitern die gleiche Erscheinung wahrnehme, wie ich sie vorher berichtet habe. Sehr oft entwickelt sich die Quadrille-Stunde für mich zur schönsten Unterrichtsstunde der Woche, obwohl sie das größte Engagement meinerseits erfordert. (Das bedeutet nicht, daß diese Stunde immer eitel Glück sei, sie kann auch zur schlimmsten Stunde der Woche werden).

Auch von meinen Reitern höre ich ähnliche Worte immer wieder. Bis es allerdings zu dieser positiven inneren Stimmung kommt, benötigt man zunächst, wie bei einer Musiziergemeinschaft, eine gewisse Zeitspanne zum Einspielen, zum Einstimmen, zum »Zusammenraufen«. Ist die geistige Bereitschaft bei den Reitern geweckt, die gegenseitige Harmonie gefunden, dann läuft das Spiel der Figuren, dann kommt die Tempoverstärkung im Trab beim Crescendo der Musik wie von selbst, dann gelingt der erste gemeinsame Galoppsprung präzise mit dem Fortissimo-Einsatz.

Und wenn mit dem gemeinsamen Gruß bei der Schlußaufstellung der Schlußakkord kommt, dann sehe ich in den Gesichtern meiner Reiter etwas, was ich als stolzes Glück und Zufriedenheit deute.

Diese harmonische Seelenstimmung, hervorgerufen durch das Gelingen der gemeinsamen Arbeit, dauert fort über eine ganze Zeitspanne und manch einer flötet oder singt beim Absatteln in der Box noch eine fröhliche Passage aus der Quadrillenmusik.

Der schönste Lohn dieser Arbeit ist für mich, wenn dann einer der Reiter zu mir kommt und aus dem Herzen heraus den Satz sagt: »Das war wieder eine schöne Stunde!«

Durch Berichte meiner Reiter weiß ich, daß sie auch zu Hause inspiriert werden, wenn »ihre« Quadrillenmusik im Rundfunk gespielt wird, und manch einer spricht mich an, daß er im Radio »unseren« ROSSINI gehört habe und im Geiste mitgeritten sei.

Nach der behandelten Frage: Wie wirkt Musik auf den Reiter einer Quadrille, möchte ich die weitere Frage stellen: Ist es überhaupt die Musik, die diese Stimmung erzeugt, oder liegt es allein an der gemeinsamen Arbeit, am gemeinsamen Reiterlebnis?

Ich habe viele Jahre auf Turnieren als Reiter in Abteilungswettkämpfen mitgeritten, ich habe auch Abteilungen vorgestellt und kenne die vorbereitende Arbeit sowie die Erlebnissphäre bei der Prüfung im Abteilungswettkampf.

Den Unterschied des geistig-seelischen Zustandes der Reiter und des Reitlehrers zwischen einem Abteilungswettkampf und einer Quadrille möchte ich vergleichen mit dem Geschehen eines festlichen Balles. Der Leser möge sich einen Galaabend vorstellen, den Presseball oder Wiener Opernball zum Beispiel, festlicher Saal, große Abendgarderoben, strahlende Kronleuchter, prickelnder Sekt, die »Wiener Philharmoniker«, sich zum »Kaiserwalzer« drehende Paare.

Und nun stellen Sie sich vor Ihrem inneren Auge das gleiche Geschehen vor, *aber ohne Musik*, den Tanz der Paare ohne den »Kaiserwalzer« – kein Ton, kein Akkord!!

Genau hier liegt der Unterschied zwischen dem Abteilungsreiten und der Quadrille.

Ohne Musik ist jeder Tanz ein geometrisches Figurenspiel, eine rein gymnastische Übung.

Ebenso unvorstellbar wäre in der Staatsoper ein Ballettabend ohne Musik. Erst die Musik inspiriert die fühlende Seele, läßt das Innere des Menschen zum Schwingen, zum Klingen bringen, erst die Musik kann einen Seelenzustand auslösen, der ihn erhebt.

Der Reiter kennt den Zustand des Schwingens, der Losgelassenheit vom Bewegungsablauf des Pferdes her, er erlebt bereits ohne Musik das Gefühl des Taktes, der Balance, der Harmonie mit seinem Pferd, er wird zum Tänzer.

Dieser Zustand der Harmonie mit dem Pferd in der Bewegung ist Voraussetzung für alle Dressurarbeit und sollte selbstverständliche Voraussetzung auch für die Quadrillearbeit sein.

Kommt dann bei der Quadrille die passende, die zündende Musik dazu, dann kann sich der Seelenzustand entwickeln, der beide, Reiter und Pferd, erhebt, der das Glück vollkommen macht. Und diese innere Stimmung aller Reiter erweitert sich zum gemeinsamen Erleben und bestimmt die Atmosphäre des gesamten Raumes, der Reithalle, des Turnierplatzes.

Warum und wodurch beeinflußt Musik den Menschen

Ich möchte den Versuch unternehmen, eine Erklärung für die geistig-seelischen Zusammenhänge zu geben, warum der Mensch durch Musik beeinflußbar ist.

Das Suchen des Menschen nach Harmonie in sich selbst und in der Gemeinschaft ist eine Ursehnsucht, die in jedem Menschen wurzelt. So ist das alte chorische Tanzlied eine Urform dieser menschlichen Sehnsucht. Aus dieser Urform entwickelte sich das Chorsingen und das gemeinsame Musizieren.

Die griechische Lehre unterschied zwischen aufbauender und zerstörender Musik. Nach dieser musikalischen Ethoslehre löst die Musik durch verschiedene Tonarten bestimmte sittliche Wirkungen aus. Die Musik galt als eines der wichtigsten Erziehungsmittel. Wir haben sicher alle schon die Erfahrung gemacht, daß uns die Musik stimuliert, Freude und Hochstimmung schafft oder auch Trauer und Schwermut erzeugt. So hat die Musik die Menschheit seit jeher begleitet, in Freude und Trauer, als Gesang der Landsknechte und mit schmetternden Siegesfanfaren.

Hervorgerufen werden diese unterschiedlichen Seelenzustände einmal von der Rhythmik und vom Tempo der Musik, zum anderen beeinflußt die Melodie den Gemütszustand, also der Unterschied der Töne zueinander, die Intervalle und dazu die Akkorde, die Harmonien oder Disharmonien erzeugen.

Wir kennen alle, vielleicht auch unbewußt, die heitere Stimmung der Dur-Akkorde und die düster traurige einer Melodie in moll. Aus der Physik wissen wir, daß Töne aus Schwingungen bestehen, je schneller die Schwingungen, desto höher der Ton, je langsamer die Schwingungen, desto tiefer ist der Ton.

Sehr interessant ist der Versuch des Physikers Ernst Chladni 1756–1827, der freischwebende, mit Sand oder Korkmehl bestreute Metallplatten mit einem Geigenbogen zum Klingen brachte. Je nach Tonhöhe, Tonstärke und Qualität des erzeugten Tones bildete der Sandbelag ganz bestimmte geometrische Figuren oder blieb ungeordnet. Dieses physikalische Phänomen beweist, daß Musik (Töne) *Materie* zu geordneten Figuren bewegen kann. Hier liegt eine Parallele zur altgriechischen aufbauenden (ordnenden) und zerstörenden Musik (RITA JACOBS: Musiktherapie. Bad Liebenzell: Verein für ein erweitertes Heilwesen).

Diese meßbaren Schwingungen empfängt der Mensch mit dem Ohr, aber auch mit der gesamten Außenhaut (Tastorgane), und im Gehirn werden daraufhin durch komplizierte Abläufe entsprechende Seelenzustände erzeugt.

Diese Schilderung erklärt in vereinfachter Form die Wirkung der Musik auf den Menschen.

Hinzu kommen viele bekannte, aber zum Teil auch noch unerforschte Dinge, wie die unterschiedliche Ausbildung beider Gehirnhälften, im Unterbewußtsein gespeicherte Erinnerungen, vorgeburtliche musische Beeinflussung, Musikerziehung im Kindesalter, Inkarnation usw.

All diese Faktoren erklären die unterschiedliche Wirkung der Musik auf den einzelnen Menschen und erzeugen das, was wir Musikalität nennen. Diese Faktoren lassen sich in drei große Gruppen zusammenfassen:

1. Die angeborene Musikalität (Erbanlagen).
2. Die angeeignete Musikalität durch Lern- und Übungsprozesse, also durch Musikerziehung.

3. Die Veranlagungen aus Ziffer 1 und 2 *können* ständig von außen ergänzt werden, das heißt von der sphärenhaften Harmonie nach der Lehre des Pythagoras, die man auch die urständige Musik nennt.

Unsere großen Komponisten wie BACH, BEETHOVEN, HÄNDEL, MOZART besaßen ein Gespür, eine »Antenne« für diese sphärenhafte Musik und erhielten daraus schöpferische Kraft.

An dieser Stelle wollen wir wieder zur Reiterei zurückfinden, zum Reiten nach Musik. Wir haben aber festgestellt, daß sich mit der Quadrillenarbeit eine neue Dimension, eine Bewußtseinserweiterung auftun kann.

Auch bei tieferem Eindringen in die Materie muß bei der Arbeit mit den Reitern jedoch immer der Grundsatz gelten: Die Übungsarbeit bei der Quadrilleausbildung wie bei jedem Reiten nach Musik muß zur Präzision des Figurenablaufes zunächst ohne Musik stattfinden, damit sich der Reiter nur auf das rein Handwerkliche konzentrieren kann. Man kann aber immer wieder feststellen, daß die Reiter später geradezu nach der Musik »gieren«. Erst mit der Musik tritt höchste Leistung und Vollkommenheit ein, wenn der Mensch durch die Musik zusätzliche Impulse erhält.

Wer sich intensiv mit dem Reiten nach Musik befaßt, der sollte sich etwas näher mit Musikgeschichte und den Stilformen der einzelnen Epochen befassen, ferner sollte er an die hier aufgezeigten Grenzbereiche vorstoßen und sich mit diesen Themen auseinandersetzen. Hieraus erwächst dann auch ein besseres Verständnis für die »passende« Musik zum Reiten. Reiten und Musizieren haben gemeinsam den Takt, den Rhythmus, die Losgelassenheit des Körpers, die Unbefangenheit und Harmonie des Gemütes. Das Pferd ist das Instrument des Reiters, er muß es zum Klingen, zum Schwingen bringen, Musizieren und Reiten sind in der Vollendung Kunst (*Abb. 12*).

Für alle Kunst gilt es jedoch zuerst das Handwerkliche zu beherrschen.

Abb. 12: Quadrille-Championat Hamburg 1984: Pas de quatre des Stalles Birkenhof, Stapelfeld/Hamburg; paarweise teilen bei B (Foto: C. Nagel)

So gesehen kann die Quadrillearbeit wie das Reiten mit Musik allgemein für den einzelnen Reiter mehr bedeuten, als es sich ausschließlich reiterlich darstellt:

Eine Selbstbesinnung des Reiters, eine Überprüfung seines Verhältnisses zu seinem Pferd und daraus erwachsend eine anspruchsvollere Form der Harmonie zum Pferd sowie zu den mitreitenden Partnern.

Vierter Teil - Die Quadrille-Figuren

Abb. 13 (rechte Seite): Dressurviereck 20 x 40 m. Die Bahnzeichen: Einritt möglichst bei A. Richter bei C, an dieser Seite auch Tribüne. Wechselpunkte: M, H, F, K. Zirkelpunkte: •

Dressurvierecke und Grundfiguren

Bei der Aufzeichnung der Quadrille-Figuren handelt es sich um die gebräuchlichsten und wirkungsvollsten Figuren, zugeschnitten auf eine Quadrille zu acht Pferden. Die Figuren lassen sich selbstverständlich variieren und weiter ausbauen. Unbedingt wichtig beim Quadrillereiten sind Abstände, Seitenrichtung und der Ausgleich zum synchronen Gegenüber beim Reiten in zwei Abteilungen. Die Tétenreiter müssen ständig Augenverbindung halten, aber auch alle übrigen müssen mitdenken.

Einige Figuren eignen sich sehr gut für eine Viererquadrille der höheren Klassen, zum Beispiel *Abb. 44* »Volten nacheinander«, *Abb. 46* »Echelonsvolte«, *Abb. 49* »Kleeblatt«, *Abb. 64* »Eckvolten«. In den höheren Klassen lassen sich damit vor allen Dingen im versammelten Galopp viereckfüllende und wirkungsvolle Bilder erzielen.

Beim Zusammenstellen der Figuren sollte man bei der Berechnung der Meter nicht zu kleinlich sein, da sich beispielsweise durch Tempowechsel im Trab oder Galopp ohnehin Zeitdifferenzen ergeben werden. Um diese Zeitdifferenzen auszugleichen, empfiehlt es sich, beim Wechsel von einer Gangart in die andere und hauptsächlich kurz vor dem Ende der Quadrille eine Figur einzubauen, mit der man diese Zeitdifferenzen ausgleichen kann.

Hierfür eignen sich vor allen Dingen Zirkel und Volte, die man nach Bedarf einmal mehr herum reiten oder eventuell auch ganz weglassen kann.

Voraussetzung für die Quadrillearbeit sind Kenntnis und Beherrschung der Grundlektionen, wie sie auf Dressurprüfungen laut Aufgabenheft der LPO gefordert werden. Der Ausbilder einer Quadrille sollte größten Wert auf die exakte Einhaltung dieser Hufschlagfiguren legen (*Abb. 15–19*).

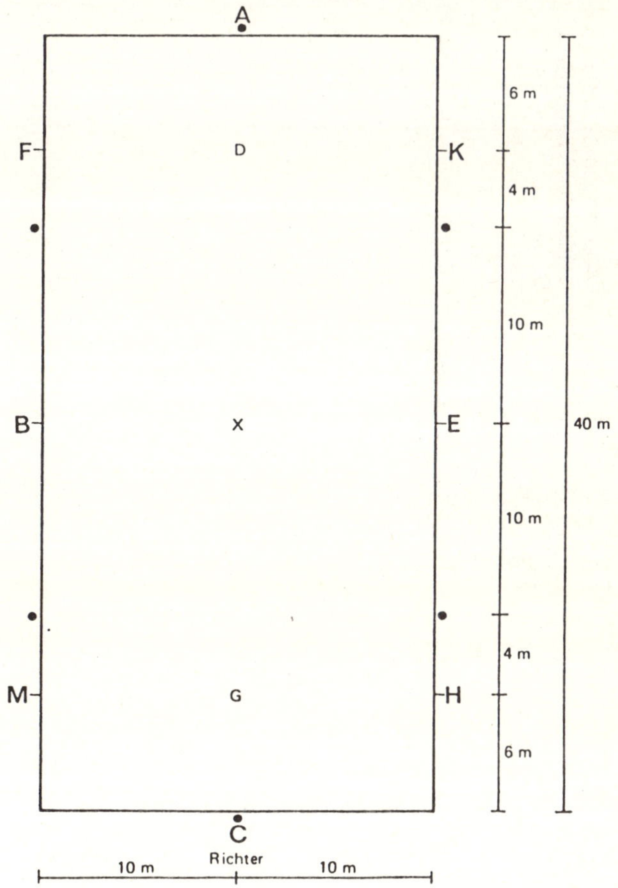

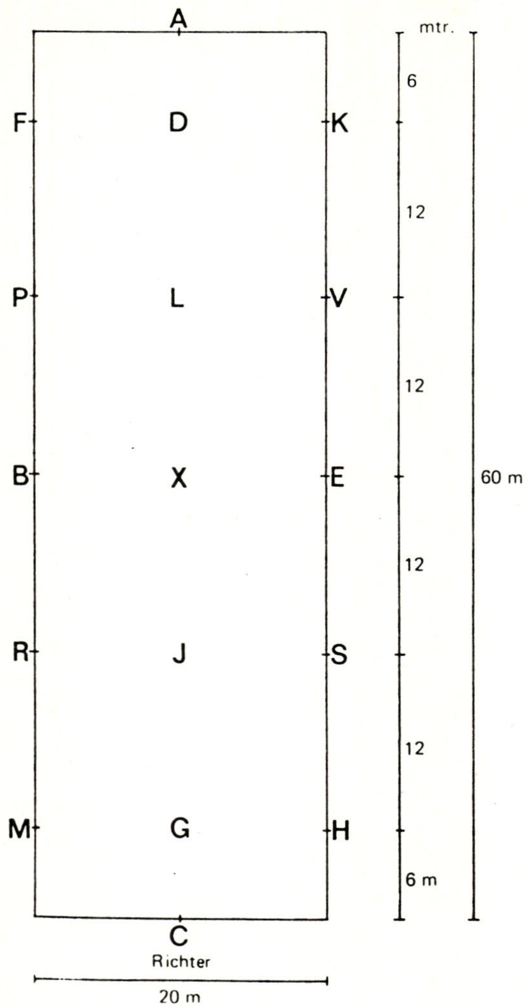

Abb. 14 (links): Internationales Viereck 20 x 60 m

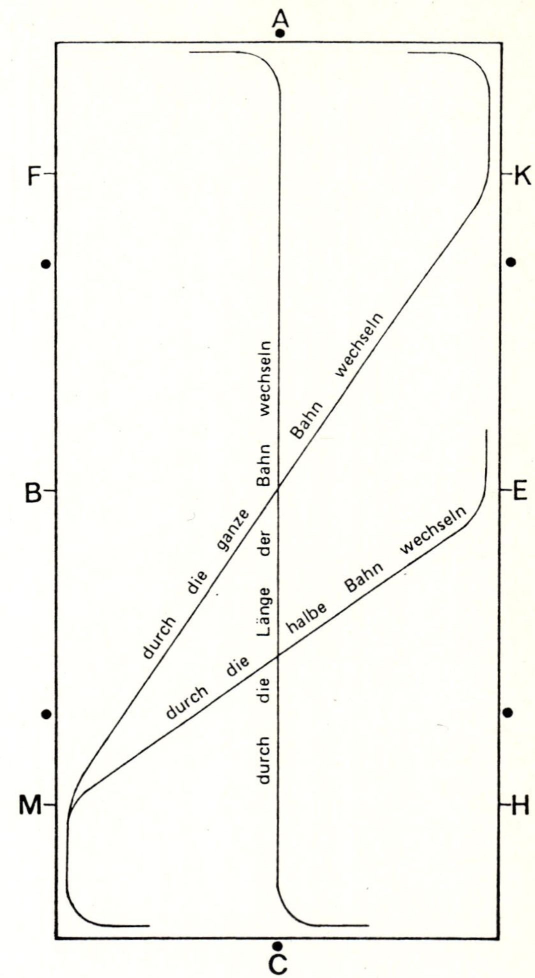

Abb. 15 (rechts): Wechsellinien. Die Linie A–C heißt Mittellinie. *Beachte:* Nicht aus der Ecke heraus wechseln, sondern von Wechselpunkt zu Wechselpunkt

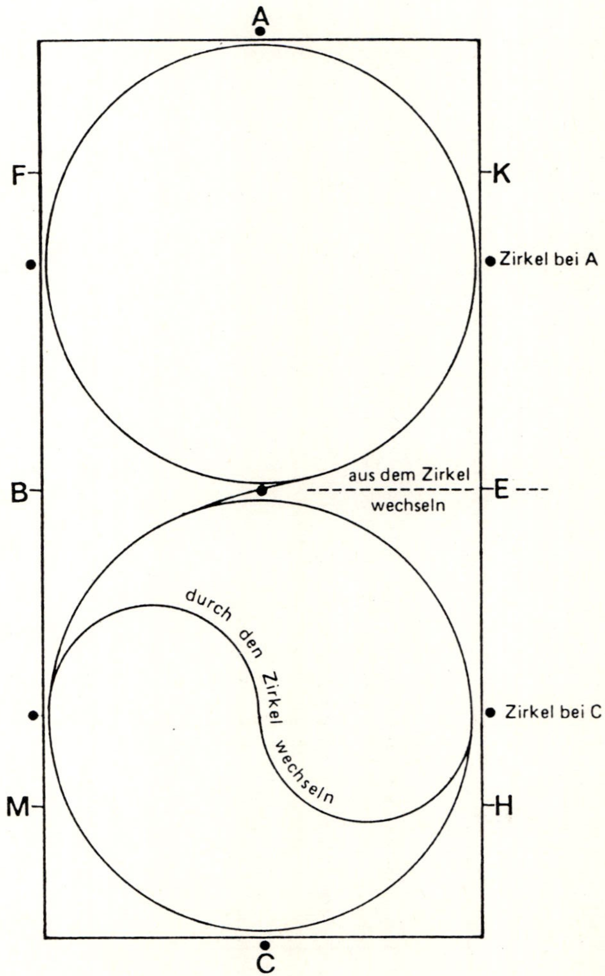

Abb. 16 (links): Zirkellinien. *Beachte:* Beim Reiten auf dem Zirkel muß die Bande an den Zirkelpunkten berührt werden

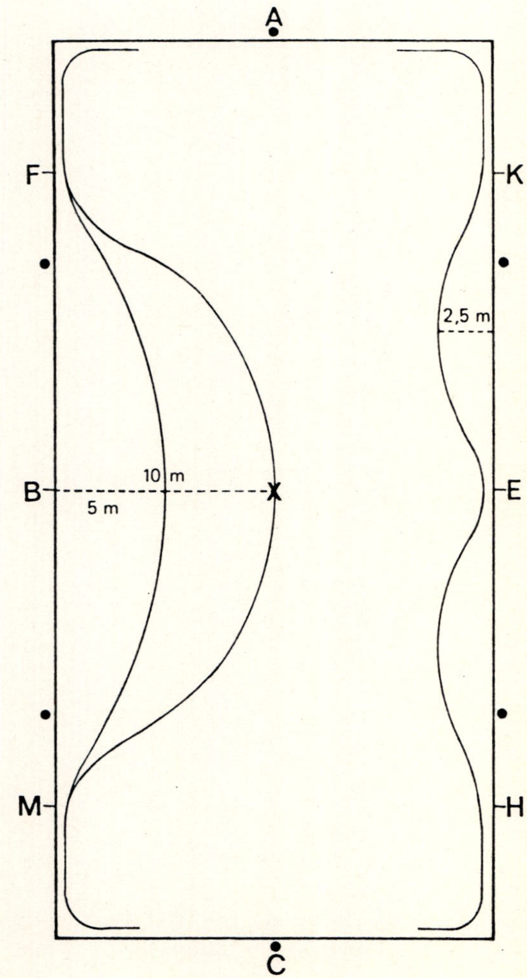

Abb. 17 (rechts): Schlangenlinien an der langen Seite. Bei der dressurmäßigen Schlangenlinie beträgt der Abstand von der langen Seite 5 m, bei der doppelten Schlangenlinie 2,5 m. Bei Quadrillen der Klassen E und A sollte die einfache Schlangenlinie bis X geritten werden

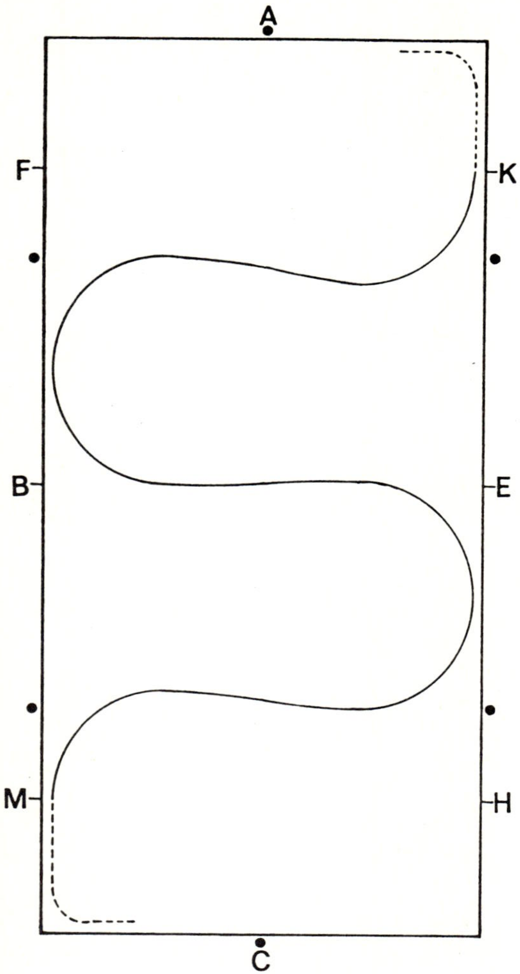

Abb. 18 (links): Schlangenlinien durch die ganze Bahn (vier Bogen). Erster und letzter (halber) Bogen werden mitgezählt. *Beachte:* Schlangenlinien beginnen am Wechselpunkt und enden am Wechselpunkt, die Bogen müssen die Bande berühren

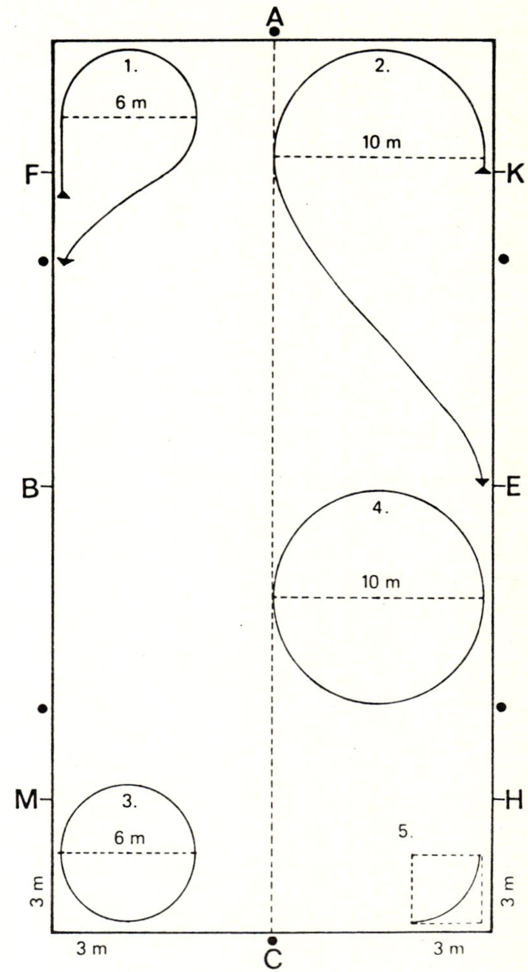

Abb. 19 (rechts): Volten und Kehrtvolten. Bei Quadrillen der Klassen E und A sollten bei acht Pferden, um das Viereck auszufüllen, die Volten bis zur Mittellinie geritten werden.

1. Aus der Ecke kehrt.
2. Aus der Ecke kehrt mit 10 m-Volte Ø.
3. Volte 6 m Ø.
4. Volte 10 m Ø.
5. Durchreiten der Ecke = 1/4-Volte

Berechnung der gerittenen Meter

Grundlage aller Berechnungen beim Finden der Musik sind die gerittenen Meter auf einem Viereck 20 x 40 m.

Die Summe der Meter der einzelnen Lektionen wird zum Schluß in Zeit umgewandelt.

Da die Berechnung so einfach wie möglich sein soll, gehen wir bei allen Lektionen von den vier Eckpunkten und von den Grundfiguren aus. So rechnen wir zum Beispiel bei allen Schlangenlinien, die ja von Wechselpunkt zu Wechselpunkt geritten werden, die gesamte Strecke bis in die Ecke hinein. Das gleiche gilt für die Wechsellinien.

»Durch die ganze Bahn wechseln« errechnet sich folglich (*Tab. 13*):

Tab. 13: Durch die ganze Bahn wechseln

Wechsellinie M - K	33 m
plus 2 x Entfernung Wechselpunkt : Ecke 2 x 6 m	12 m
	45 m

Die Strecken rechnen wir nur in abgerundeten Zahlen. Ein Zirkel auf dem 20 x 40 m Viereck wird ja nie bis unmittelbar an das Holz der Bande geritten, so rechnen wir nicht 20 x 3,14, sondern abgerundet 20 x 3 = 60 m.

Die Grundfiguren in Metern und Sekunden

Tab. 14: Berechnungstabelle

ganze Bahn	120 m
Zirkel	60 m
Volte 10 m Ø	30 m
Volte 6 m Ø	18 m
einfache Schlangenlinie 5 m herein	42 m
einfache Schlangenlinie bis X	45 m
doppelte Schlangenlinie	42 m
durch die ganze Bahn wechseln	45 m
durch die halbe Bahn wechseln	50 m
durch die Länge der Bahn wechseln	40 m

Schlangenlinien und Wechsellinien sind berechnet von Ecke zu Ecke!

Tab. 15: Berechnungsbeispiel

Kommando		geritttene Strecke	m	gesamt m
	die Abteilung steht mit Front nach	C bei X		
	Abteilung Marsch, linke Hand,	X – C	20	20
	1/2 x herum	C – A	60	80
A	auf d. Zirkel geritten, 1 1/2 x herum	A –X – A – X	90	170
X	aus d. Zirkel wechseln, 1 1/2 x herum	X – C – X – C	90	260
C	ganze Bahn	C-Ecke	10	270
M – K	durch die ganze Bahn wechseln	Ecke zu Ecke	45	315
		Ecke-A	10	325
A	bei A auf die Mittellinie,	A – C	40	365
	1, 3, 5, 7, Volte rechts –	Volte 10 Ø	30	395
	2, 4, 6, 8, Volte links – Marsch			
	usw.			

Die Umwandlung von Metern in Spielzeit

Bei der Grundfigur *Abb. 20* finden wir für die Umwandlung folgende Zahlen:

Tab. 16

Schritt	120 m = 60 s, das sind für 100 m	50 s
Trab	120 m = 35 s, das sind für 100 m	30 s
Galopp	120 m = 25 s, das sind für 100 m	20 s

Soll das Berechnungsbeispiel lt. *Tab. 15* im Schritt geritten werden, so benötigen wir ein passendes Musikstück von:

395 m x 0,5 s = 197,5 s = 3 min 18 s

Für Trabmusik rechnen wir 395 x 0,3 - für Galoppmusik 395 x 0,2.

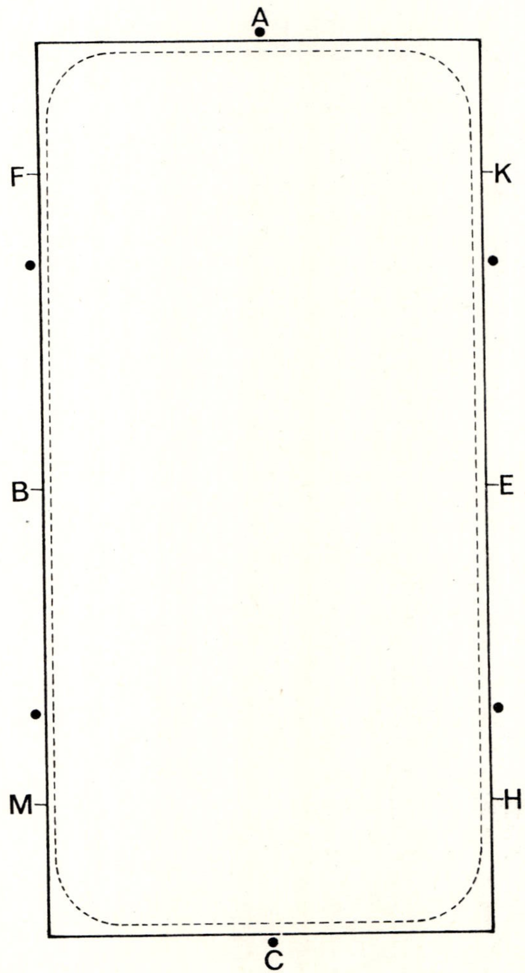

Abb. 20 (links): Ganze Bahn (einmal herum).

120 m	Schritt	60 s
	Trab	35 s
	Galopp	25 s

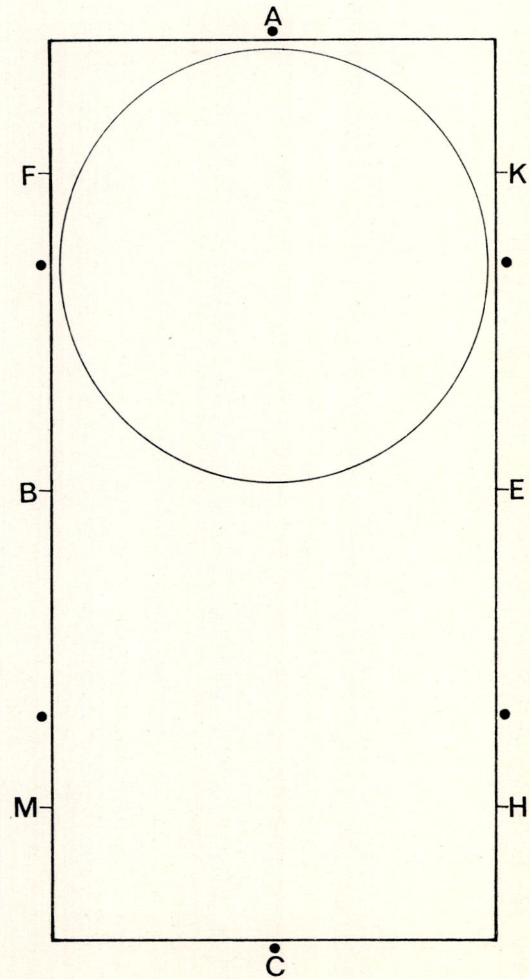

Abb. 21 (rechts): Zirkel (einmal herum).

60 m	Schritt	35 s
	Trab	20 s
	Galopp	14 s

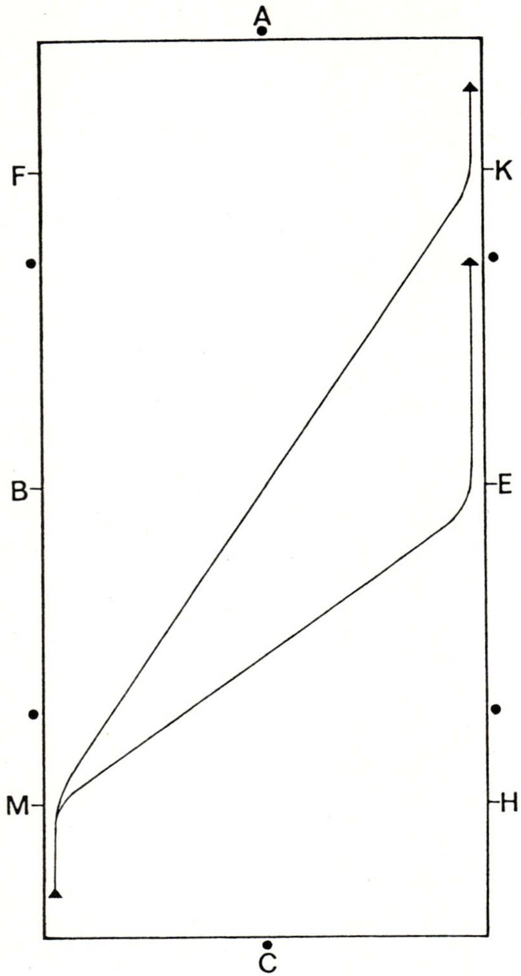

Abb. 22 (links): Wechsellinien.

Durch die ganze Bahn (von Ecke zu Ecke):

45 m	Schritt	22 s
	Trab	13 s
	Galopp	10 s

Durch die halbe Bahn (von Ecke zu Ecke):

50 m	Schritt	25 s
	Trab	15 s
	Galopp	10 s

Abb. 23 (rechts): Schlangenlinien.

An der langen Seite (von Ecke zu Ecke):

einfache 5 m =		
42 m	Schritt	21 s
	Trab	13 s
	Galopp	– –
einfache 10 m =		
45 m	Schritt	22 s
	Trab	14 s
	Galopp	– –
doppelte 2,5 m =		
42 m	Schritt	21 s
	Trab	13 s
	Galopp	– –

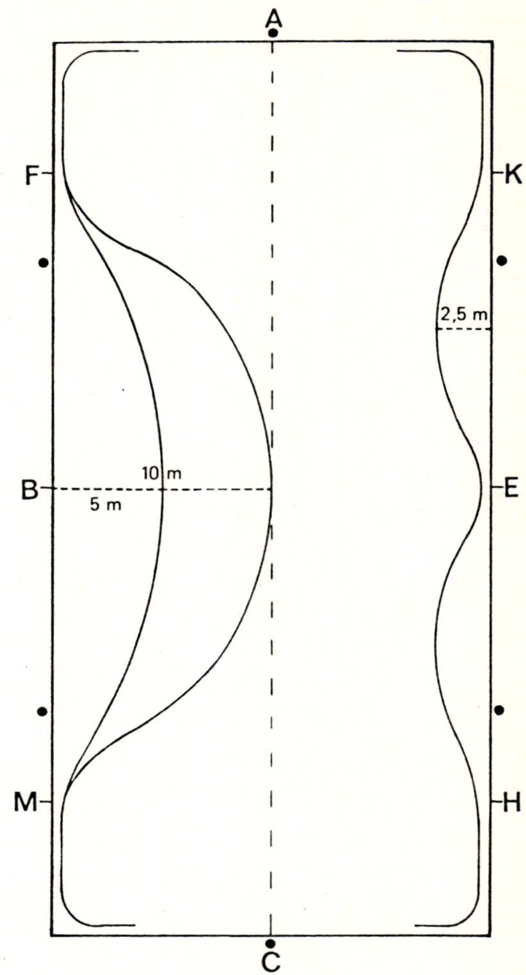

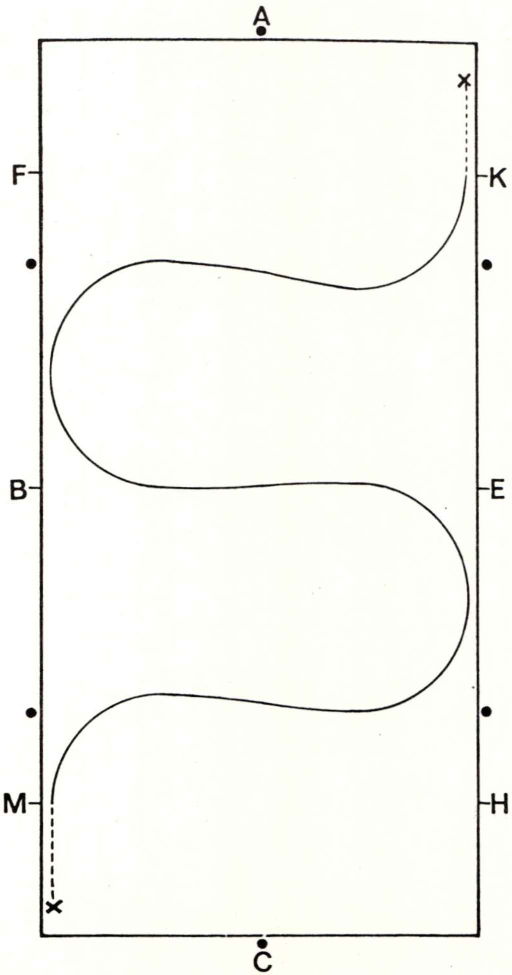

Abb. 24 (links): Schlangenlinien durch die ganze Bahn – 4 Bogen (von Ecke zu Ecke):

85 m	Schritt	45 s
	Trab	28 s
ohne Wechsel	Galopp	17 s
mit einfachem Wechsel	Galopp	23 s

Nochmaliger Hinweis: Sämtliche Schlangenlinien werden von Ecke zu Ecke berechnet, aber selbstverständlich von Wechselpunkt zu Wechselpunkt geritten!

Abb. 25 (rechts): Volten.

10 m Ø = 30 m	Schritt	20 s
	Trab	10 s
	Galopp	7 s
6 m Ø = 18 m	Schritt	11 s
	Trab	6 s
	Galopp	5 s

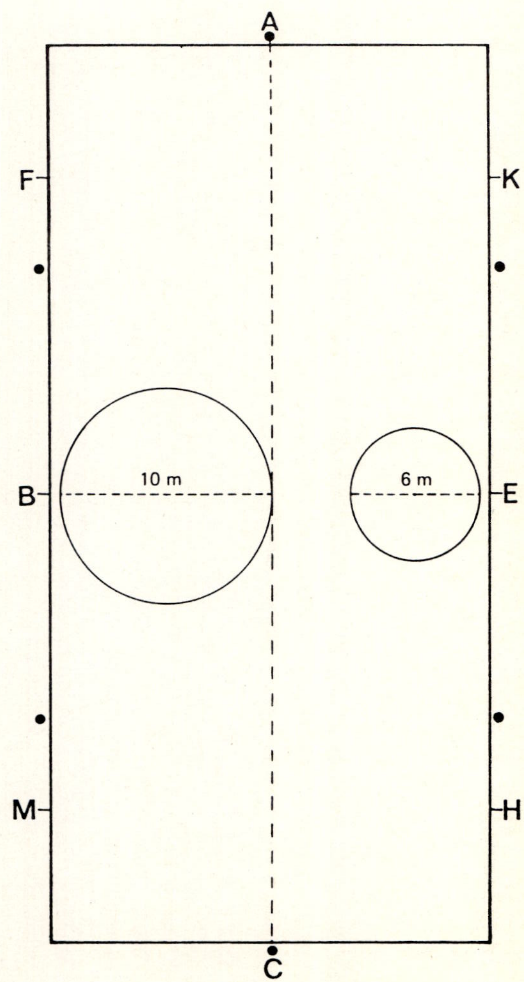

Quadrille-Figuren für eine Quadrille zu acht Pferden

Grundsätze

Lieber einfache Figuren und diese korrekt geritten. Geometrisch übersichtliche Figuren reiten. Viereck*füllende* symmetrische Schaubilder anstreben. Leicht beginnen und mit schwierigen Figuren aufhören.

Der beste Abstand bei einer Achterquadrille beträgt eine knappe Pferdelänge, bei der Abteilung *zu einem* muß die Abteilung *ohne* Abstände gehen, damit alle acht Pferde auf einer langen Seite Platz haben.

Einmärsche – Anfangsaufstellung – Schlußaufstellung

Der Einritt sollte sich bei A befinden, damit die Abteilung über die Mittellinie A – C aufmarschieren kann. Dieser Einmarsch ist entweder »zu einem«, paarweise oder auch zu vieren möglich. Die Anfangs- und Schlußaufstellung zum Gruß empfiehlt sich, je nach der Plazierung der Zuschauer, bei G oder X, eventuell sogar bei D, also dicht an der kurzen Seite bei A.

Im Kapitel »Der Einritt bzw. der Aufmarsch mit Gruß« wurde dieses Thema bereits behandelt.

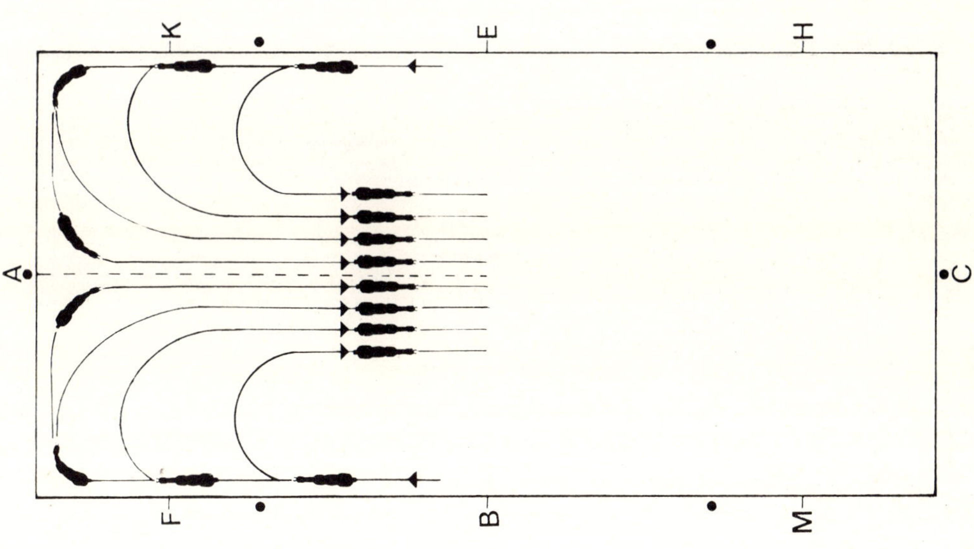

Abb. 26 (links): Aufmarsch »Front«

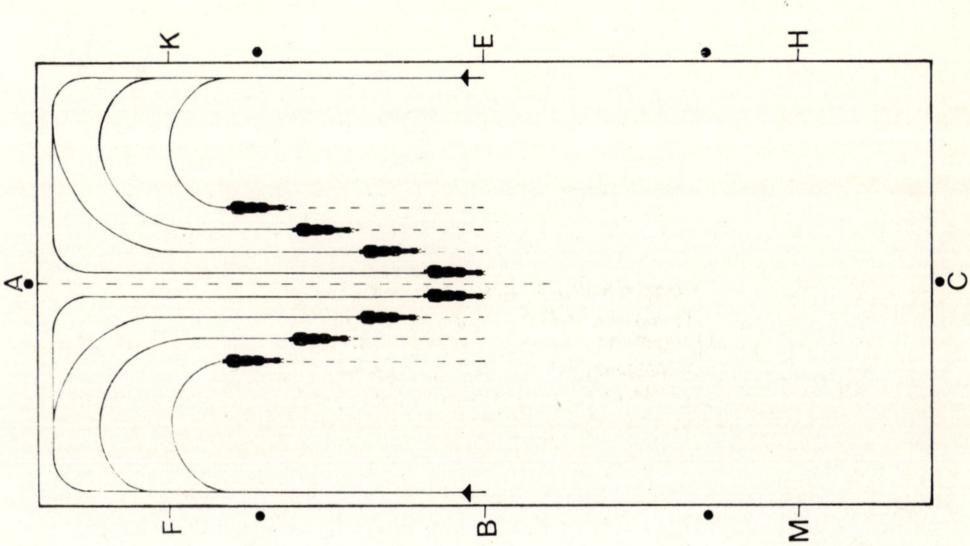

Abb. 27 (rechts): Aufmarsch »Keil«. Zwei Schritt Zwischenraum, Stirn-Nasenlinie in Höhe des Schweifes des Nachbarpferdes. Der Keil kann auch als Figur ohne »Halt« geritten werden

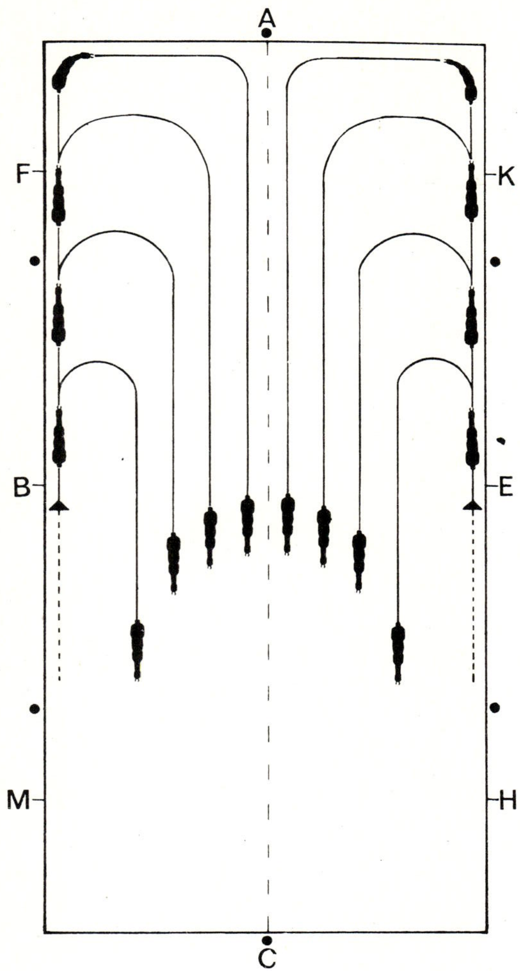

Abb. 28 (links): Aufmarsch »Halbkreis«

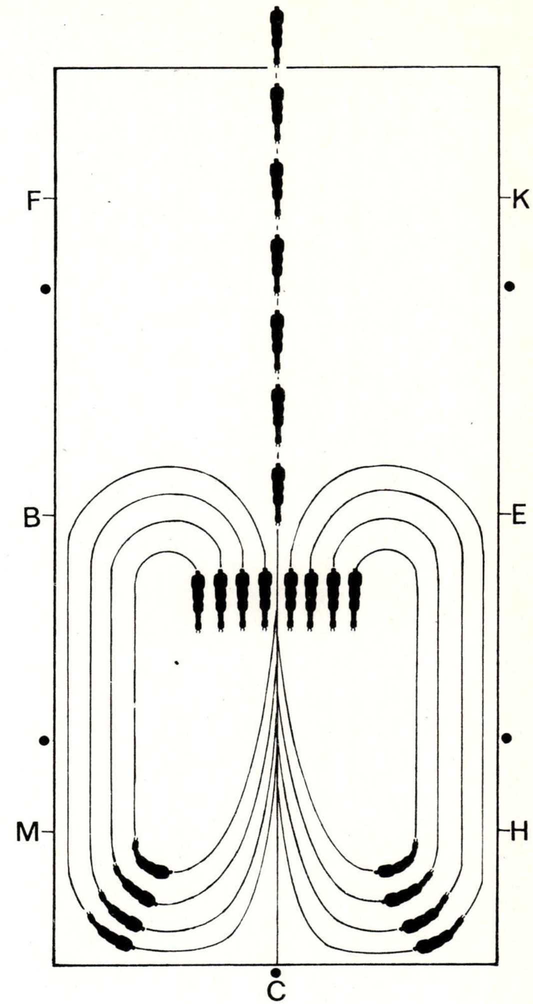

Abb. 29 (rechts): Aufmarsch zu einem auf der Mittellinie, bei C teilen rechts und links und gleich zu vieren. Halbe Volte der Viererblocks und Frontaufmarsch

Abteilung zu einem (acht Pferde)

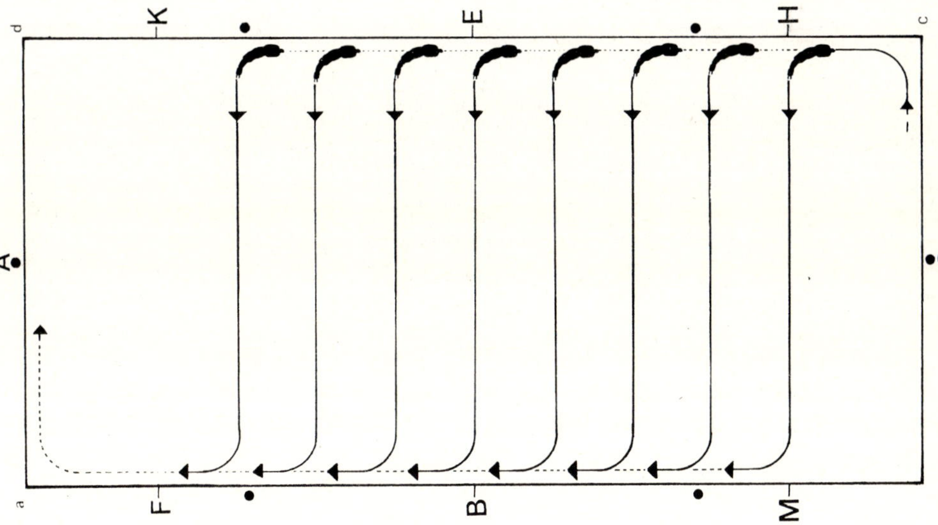

Abb. 30 (links): Abteilung zu einem (acht Pferde). Kommando: »Links um – Marsch, an der nächsten langen Seite rechts um – Marsch!«

Abb. 31 (rechts): Volte an der langen Seite. Kommando: »Volte – Marsch!« Volte bis zur Mittellinie. Abteilung zu einem. Kann auch von der Mittellinie beginnend bis zur Bande geritten werden.

c – d	40 m
Volte	30 m
c – d	70 m

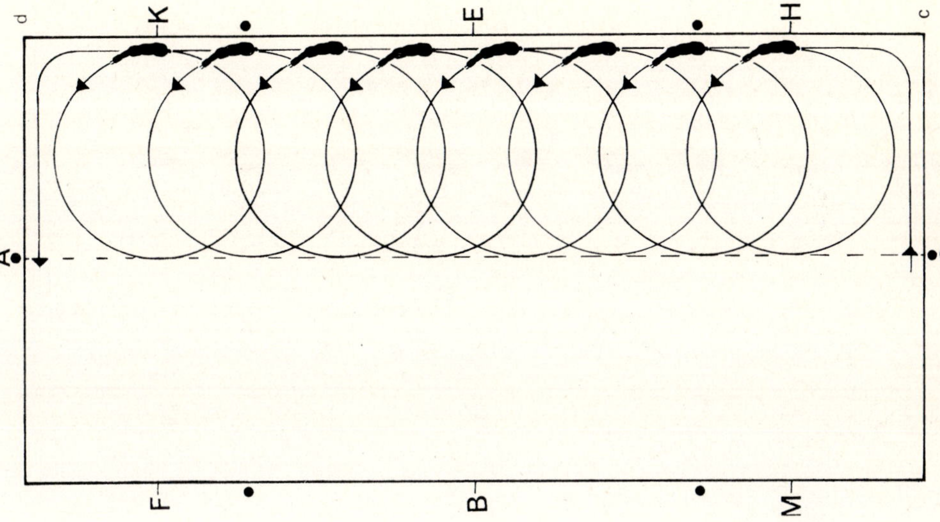

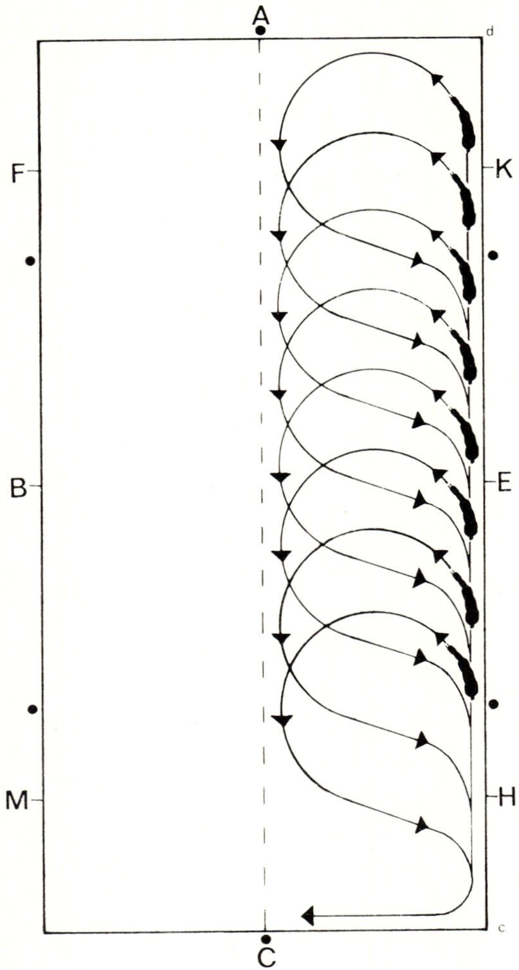

Abb. 32 (links): Kehrtvolte. Abteilung zu einem lange Seite. Kommando: »Abteilung kehrt – Marsch!« Die Volte des Tetenreiters muß in der Ecke liegen.

c – d	40 m
Kehrtvolte	15 m
d – c	40 m
c – d – c (Strecke des Tetenreiters)	95 m

Abb. 33 (rechts): Volte rechts und links auf der Mittellinie. Abteilung zu einem auf der Mittellinie. Kommando: »Volte rechts und links – Marsch!« 1, 3, 5, 7 Volte rechts, 2, 4, 6, 8 Volte links. Anschließend wieder zu einem.

A – C	40 m
Volte	30 m
A – C =	70 m

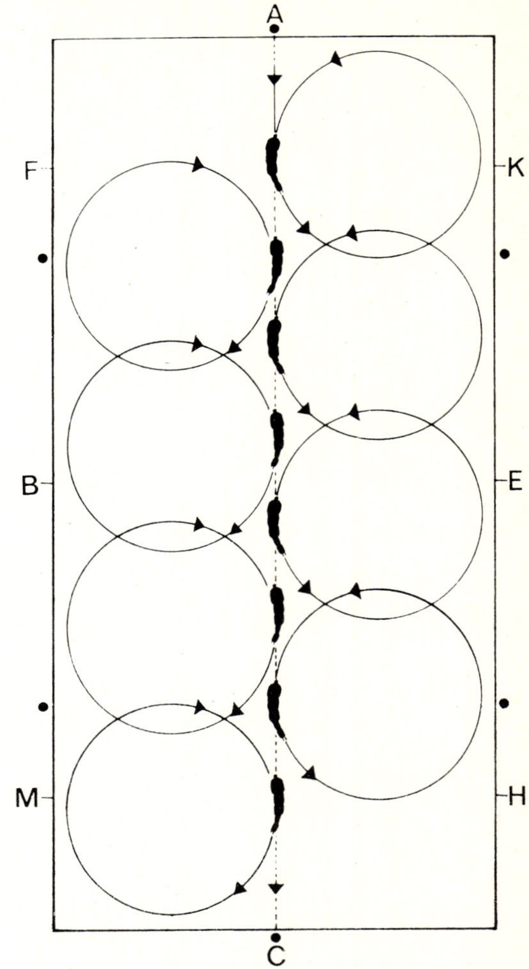

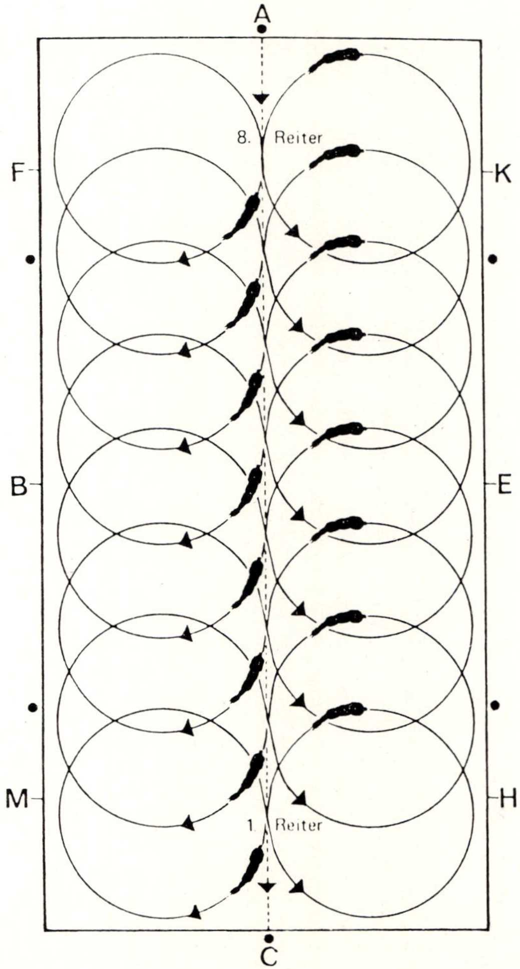

Abb. 34 (links): Die Acht. Abteilung zu einem auf der Mittellinie. Kommando: »Abteilung zur Acht rechts – Marsch!« Alle Reiter wenden gemeinsam zu einer Rechtsvolte ab und anschließend von der Mittellinie zu einer Linksvolte.

A – C	40 m
2 Volten	60 m
A – C	100 m

Abb. 35 (rechts): Mittelzirkel und Spirale. Mittelzirkel, linke Hand mit anschließender Spirale mit Handwechsel.

Mittelzirkel (1 x herum)	60 m

Spirale nicht nach Metern, sondern Zeit stoppen

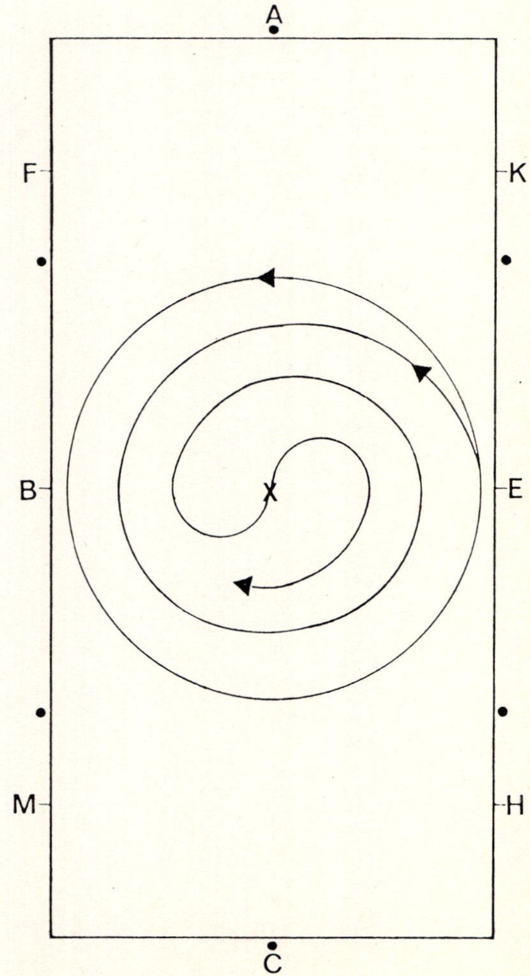

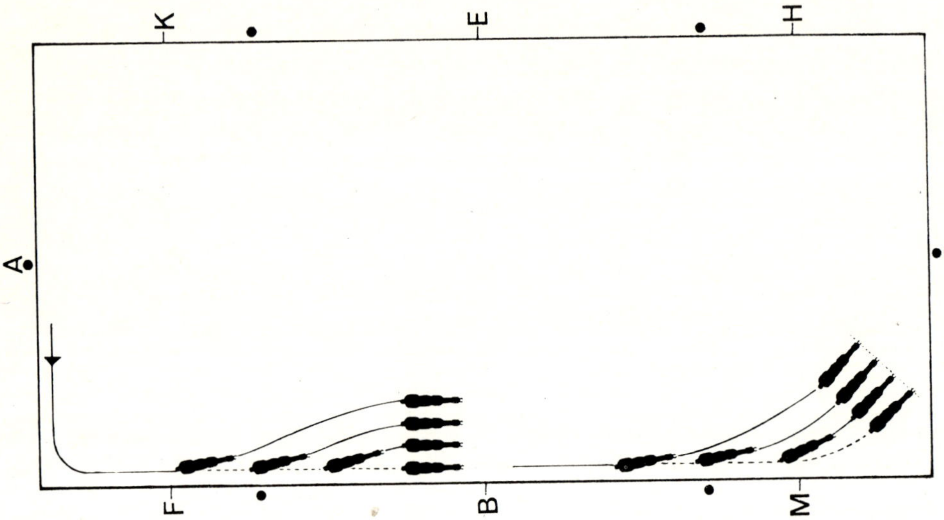

Abb. 36 (links): Entwicklung von Paaren. Kommando: »Zu Zweien!« Nr. 1, 3, 5, 7 Gangart verkürzen, Nr. 2, 4, 6, 8 Gangart verstärken und danebensetzen. Tete-Tempo einfangen

Abb. 37 (rechts): Zu Vieren. Kommando: »Zu Vieren!« Nr. 1 und 5 verkürzen. Alle anderen zulegen, am besten durch Abrunden in einer Ecke

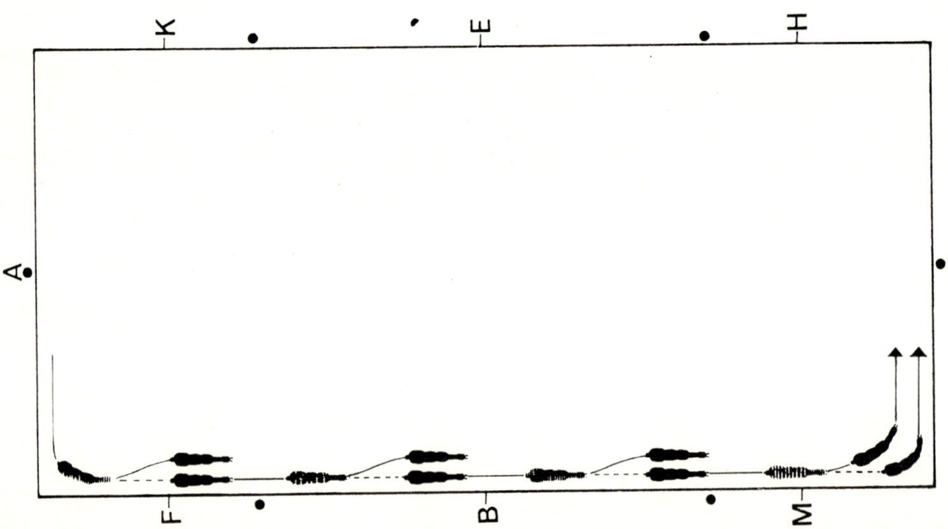

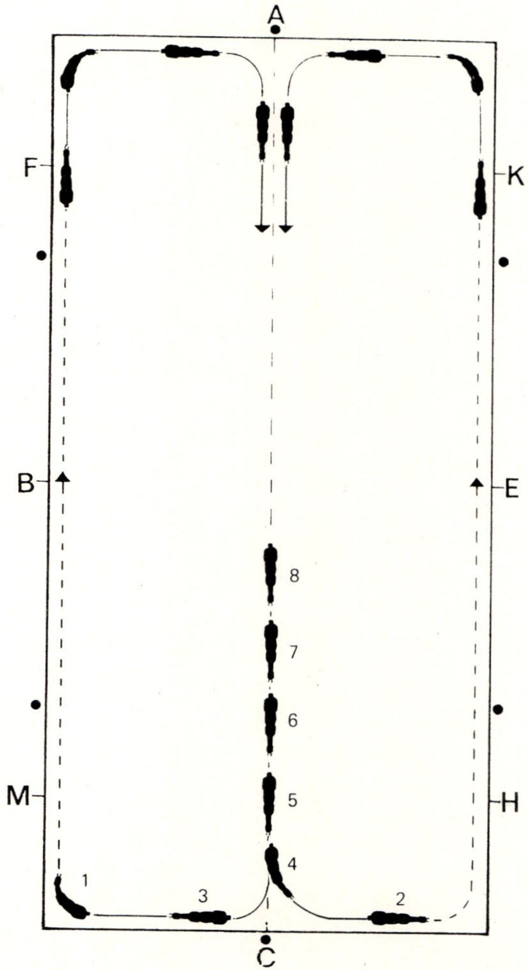

Abb. 38 (links): Paarweise Mittellinie. Abteilung zu einem auf der Mittellinie. Kommando: »Teilen rechts und links, Nr. 1, 3, 5, 7 rechte Hand, Nr. 2, 4, 6, 8 linke Hand!« Kommando: »Bei A paarweise Mittellinie!«

Abb. 39 (rechts): Volte rechts und links von der Mittellinie. Abteilung ist paarweise auf der Mittellinie. Kommando: »Volten rechts und links – Marsch!« Anschließend wieder paarweise Mittellinie.

A – C	40 m
Volte	30 m
A – C	70 m

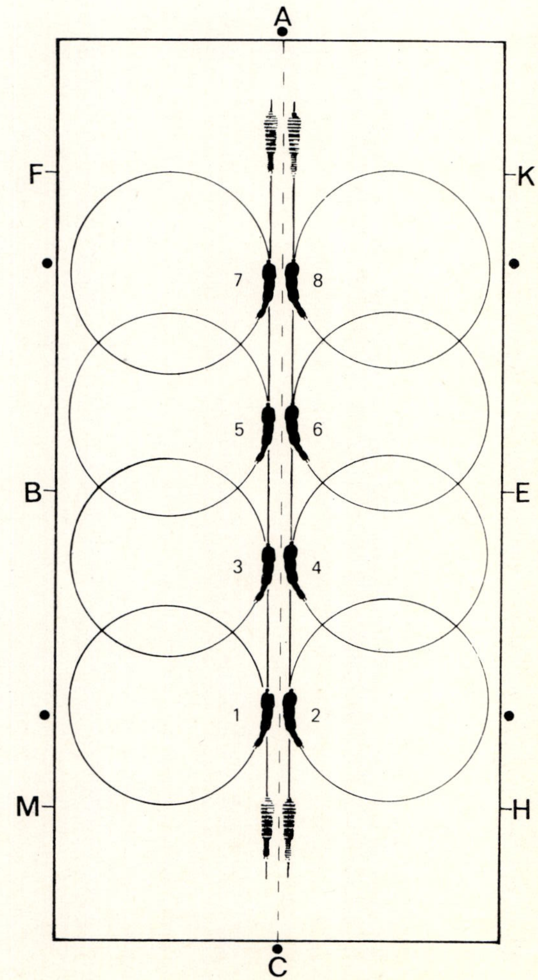

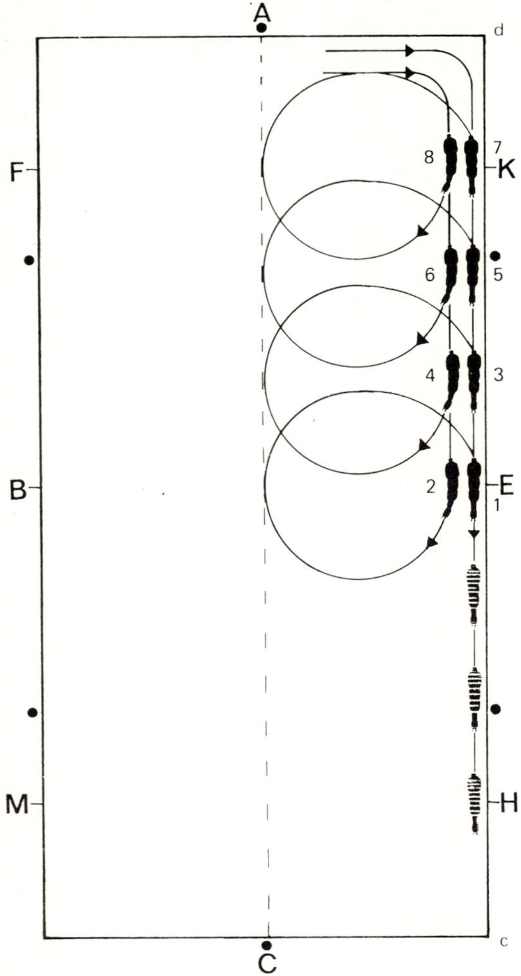

Abb. 40 (links): Die Inneren-Volte. Abteilung paarweise an der langen Seite. Wenn das erste Paar E erreicht hat, Kommando: »Die inneren Reiter Volte – Marsch, hinten anhängen!« Haben diese Reiter ihre Volte beendet, hat die Tete (1) H erreicht

d – c	40 m
Volte	30 m
	70 m

Abb. 41 (rechts): Die Vorderen-Volte. Hat die Tete (1) H erreicht, befinden sich alle Reiter zu einem an der langen Seite. In diesem Augenblick kommt das Kommando: »Die vorderen Vier Volte – Marsch und Paare bilden!« Haben diese ihre Volte beendet, befindet sich Nummer 2 bei H

d – c	40 m
Volte	30 m
	70 m

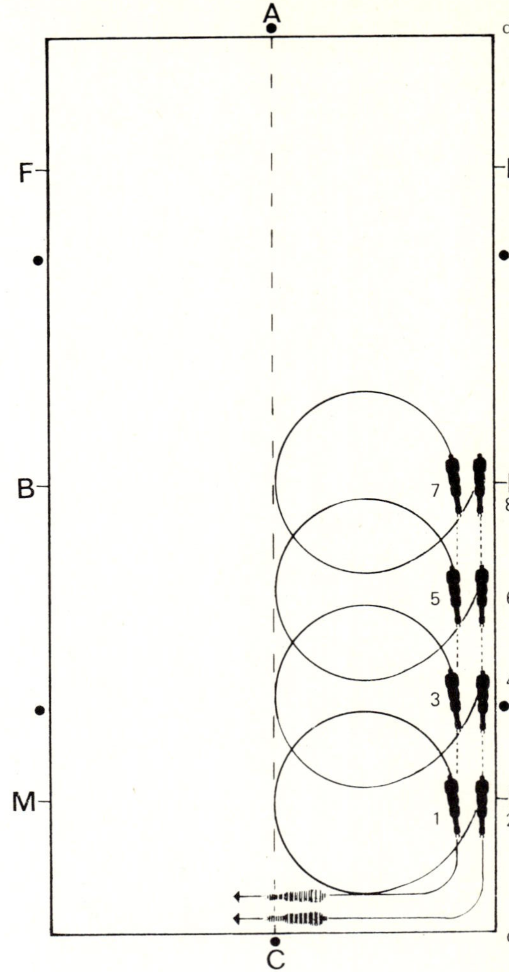

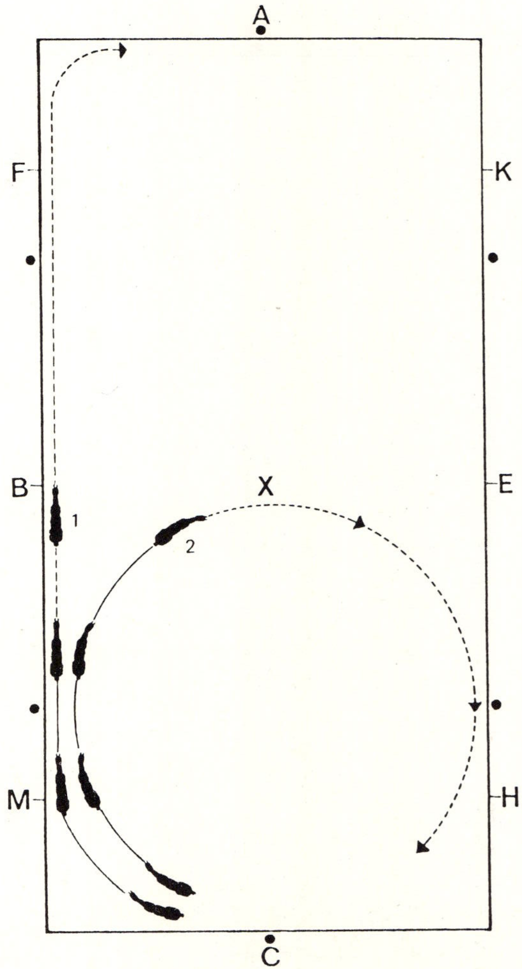

Abb. 42 (links): Die Inneren Zirkel – die Äußeren ganze Bahn. Abteilung paarweise rechte Hand, ganze Bahn. Kommando: »Inneren Zirkel, Äußeren ganze Bahn!« Anschließend: »Beide Abteilungen ganze Bahn!« Nun gehen beide Abteilungen auf der rechten Hand ganze Bahn

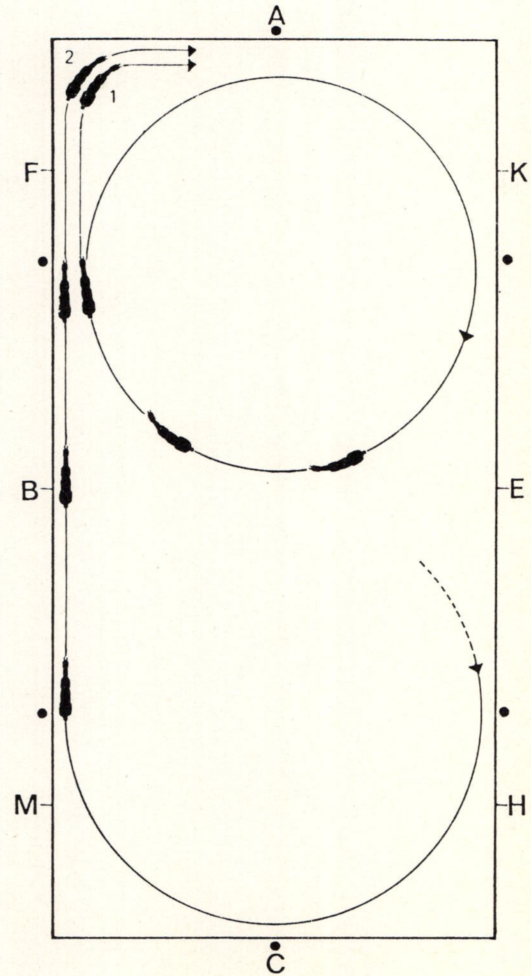

Abb. 43 (rechts): ...wieder Paare bilden. Kommando: »1. Abteilung Zirkel. 2. Abteilung ganze Bahn. Paare bilden bei F, ganze Bahn!«

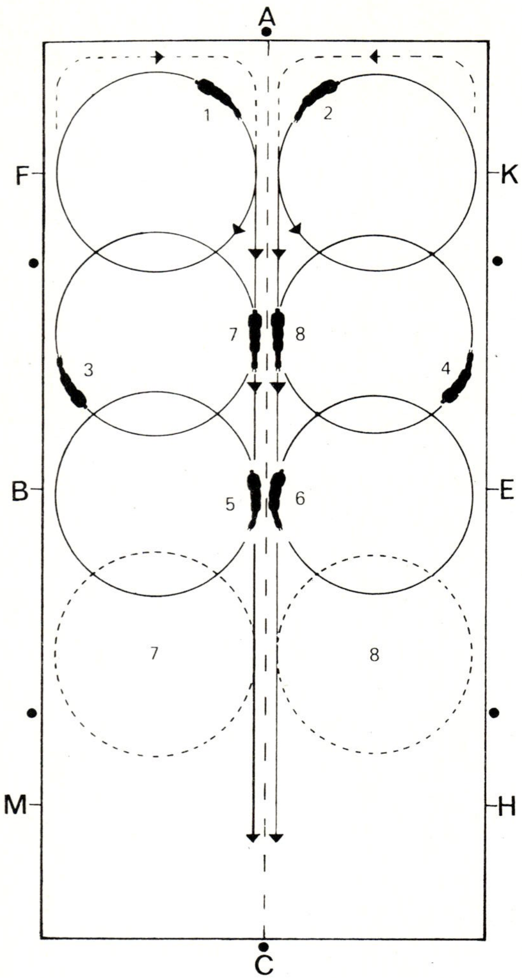

Abb. 44 (links): Volten nacheinander an verschiedenen Punkten. Die Abteilung geht paarweise auf die Mittellinie. Ist das erste Paar in Höhe von F – K, wendet es ohne Kommando zur Volte ab. Das zweite Paar reitet auf der Mittellinie weiter und wendet 7 m danach zur Volte ab, das dritte Paar bei B – E, das vierte 7 m danach. Nach der Volte reitet das Paar auf der Mittellinie weiter. Zum Schluß befindet sich die Abteilung paarweise auf der Mittellinie.

A – C	40 m
Volte	30 m
A – C	70 m

Abb. 45 (rechts): Auf der Mittellinie Schneepflug. Die Abteilung geht paarweise auf die Mittellinie und stellt die Köpfe zusammen mit Schenkelweichen rechts und links. In den höheren Klassen mit Traversstellung.

A – C	40 m
Volte	10 m
A – C	50 m

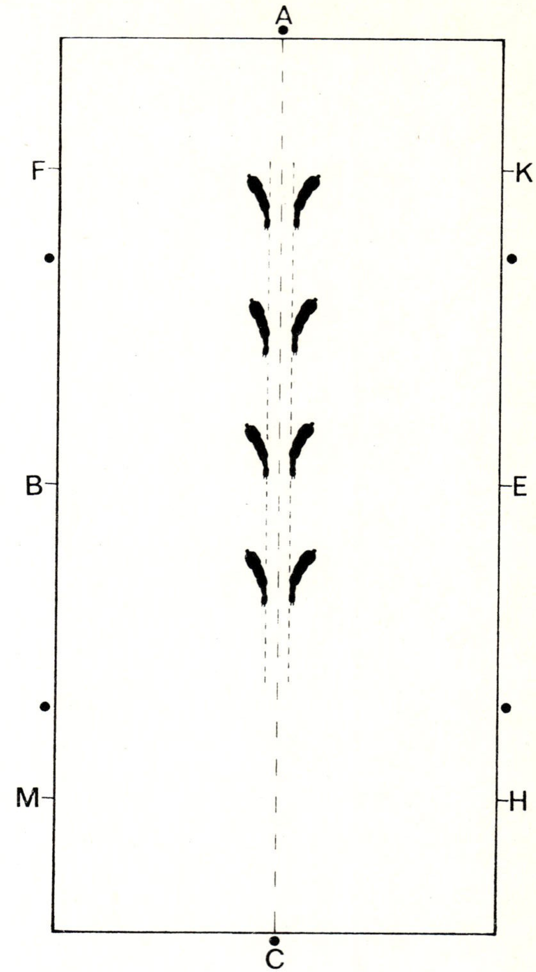

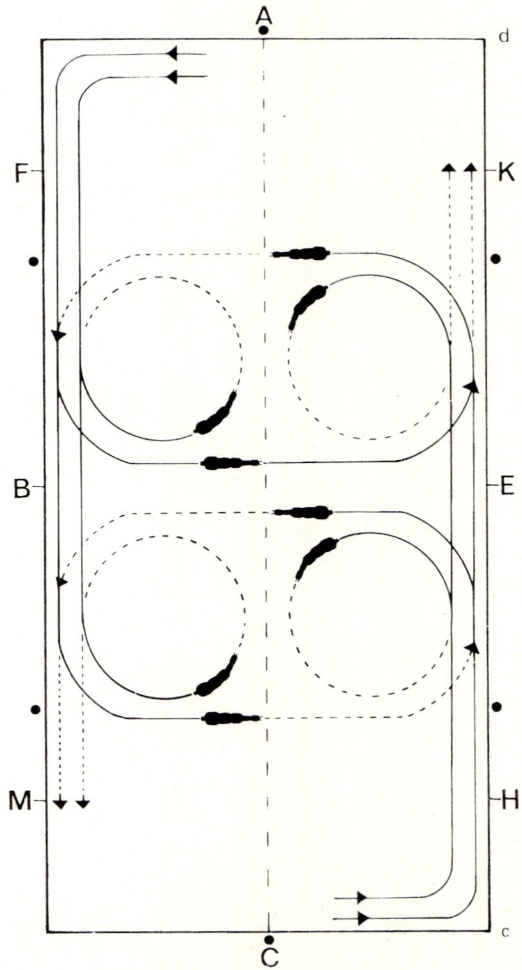

Abb. 46 (links): Echelons-Volte. Je zwei Paare sind an der langen Seite, linke Hand. Kommando: »Echelonsvolte – Marsch!« Alle vier Paare setzen zur Linksvolte an. Die inneren Reiter reiten die Volte 1 x herum, die äußeren Reiter reiten nur 1/4 Volte und gehen zur anderen langen Seite, dabei Paare bilden, um die alte Formation wieder herzustellen; das Ganze noch einmal.

c – d	40 m
Volte	20 m
c – d	60 m

Abb. 47 (rechts): Viereck verkleinern. Viereck verkleinern bis X, dort paarweise Mittellinie. In den Klassen E und A im Schritt, in den höheren Klassen auch im versammelten Trab oder im Travers.

a – X	25 m
X – C	20 m
Zeitzuschlag	10 m
a – C	55 m

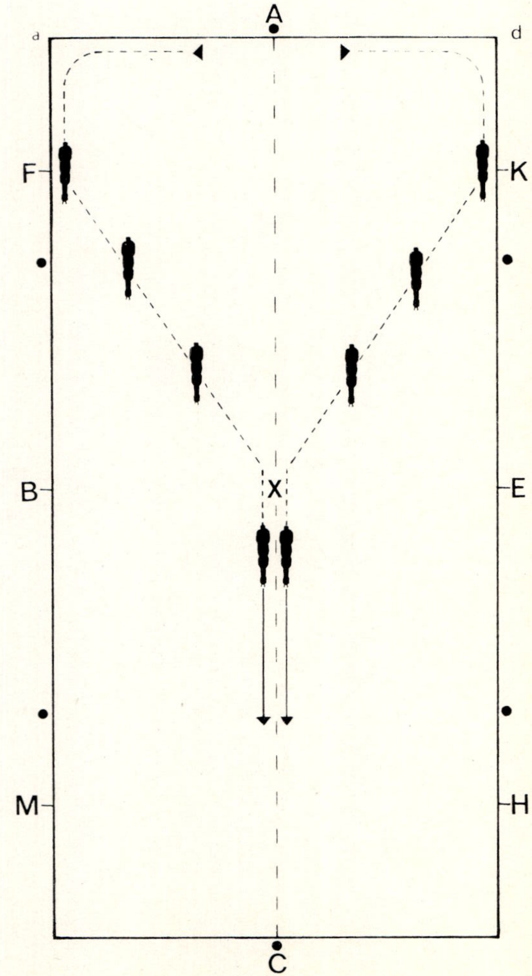

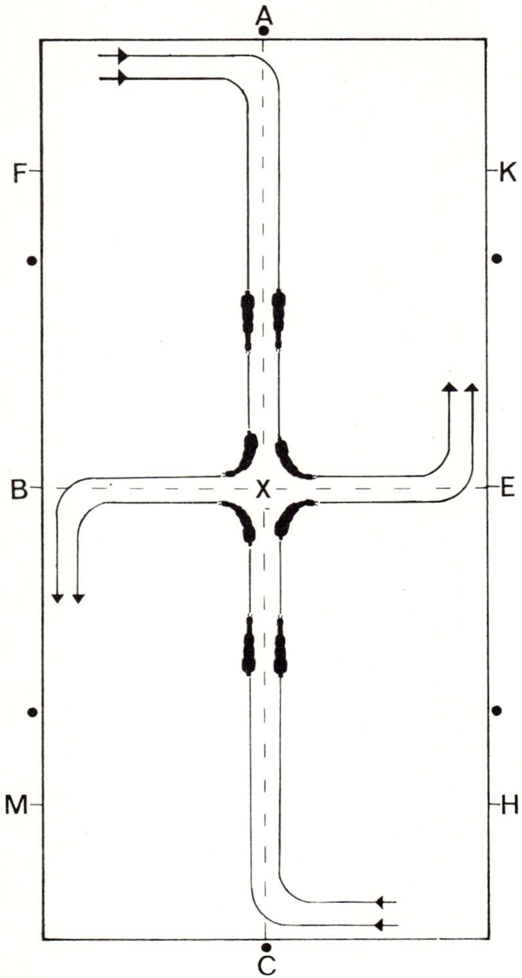

Abb. 48 (links): Kreuz. Paarweise gegeneinander auf die Mittellinie, bei X mit dem neuen Partner nach B und E und linke Hand. Eventuell dasselbe noch einmal zum Rücktausch.

A – X – B – C	60 m

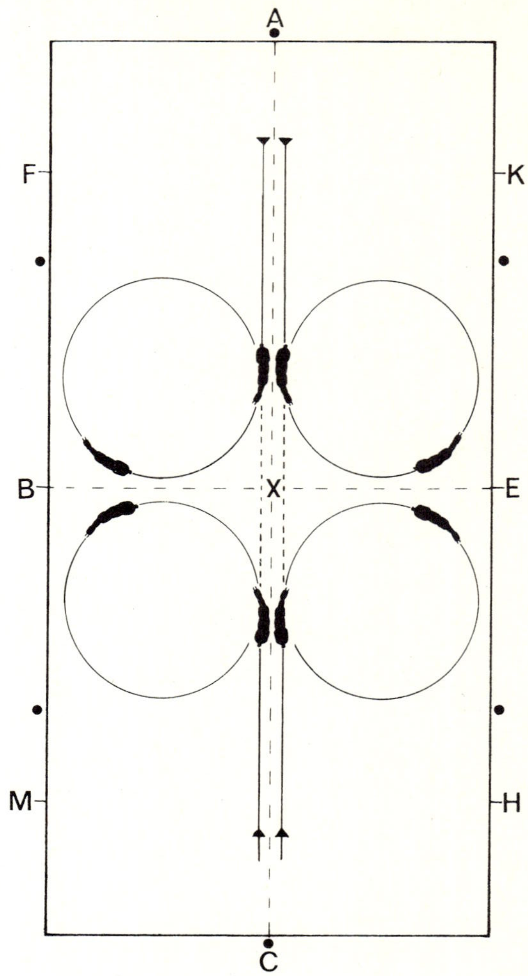

Abb. 49 (rechts): Kleeblatt. Paarweise gegeneinander auf die Mittellinie. 3 m vor X Volte rechts und links, ein- oder zweimal herum. Zum Auflösen paarweise auf die Mittellinie nach A und C, dabei in einer Richtung die Paare öffnen.

A – C	40 m
Volte	30 m
A – C	70 m

Zwei Abteilungen zu einem (je vier Pferde)

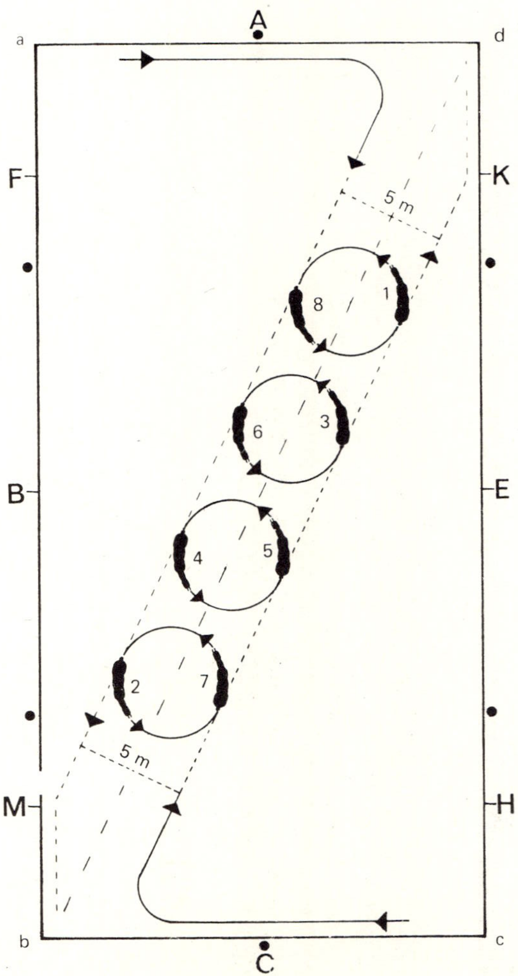

Abb. 50 (links): Karussell. Beide Abteilungen sind zu einem auf der rechten Hand. 6 m vor den Ecken b und d drehen beide Teten rechts und reiten in gerader Linie auf die Wechselpunkte zu. Wenn sich die Reiter auf dieser Linie begegnen, reiten alle eine Linksvolte umeinander. Anschließend reiten beide Abteilungen in der alten Richtung weiter.

C–A	55 m
Volte	30 m
C–A	85 m

Abb. 51 (rechts): Tournez. Beide Abteilungen begegnen sich auf der Mittellinie. Das Kommando »Tournez« erfolgt, wenn die Pferdeköpfe der Partner 1:8, 3:6, 5:4, 7:2 gegenüber sind. Gleichzeitiges Abwenden zur Linksvolte, 1 x herum.

C–A	40 m
Volte	30 m
C–A	70 m

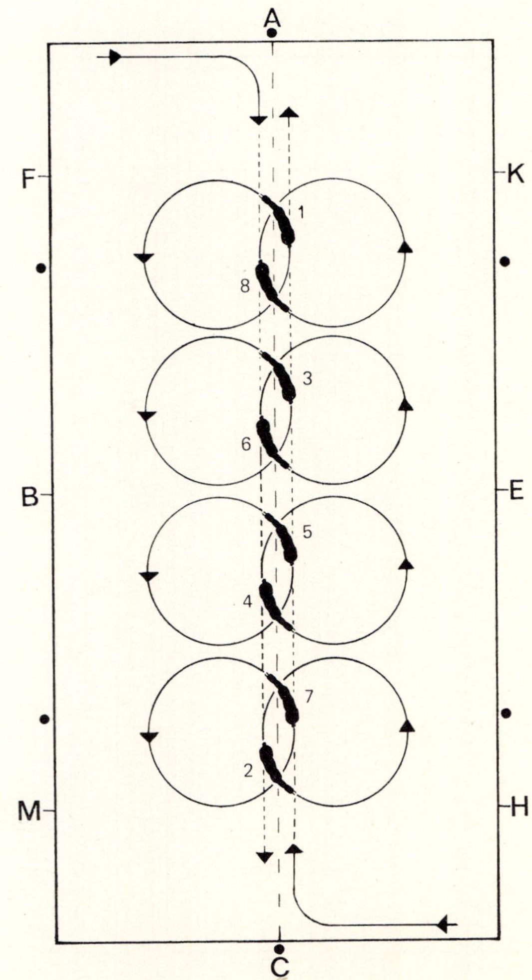

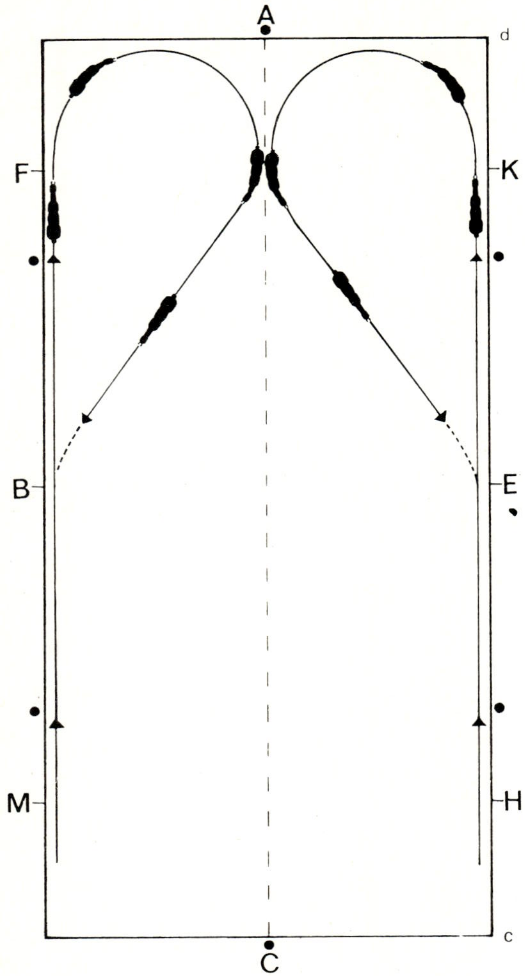

Abb. 52 (links): Aus der Ecke kehrt. Eine einfache, aber wirkungsvolle Figur.

c – d – c	80 m
1/2 Volte	15 m
c – d – c	95 m

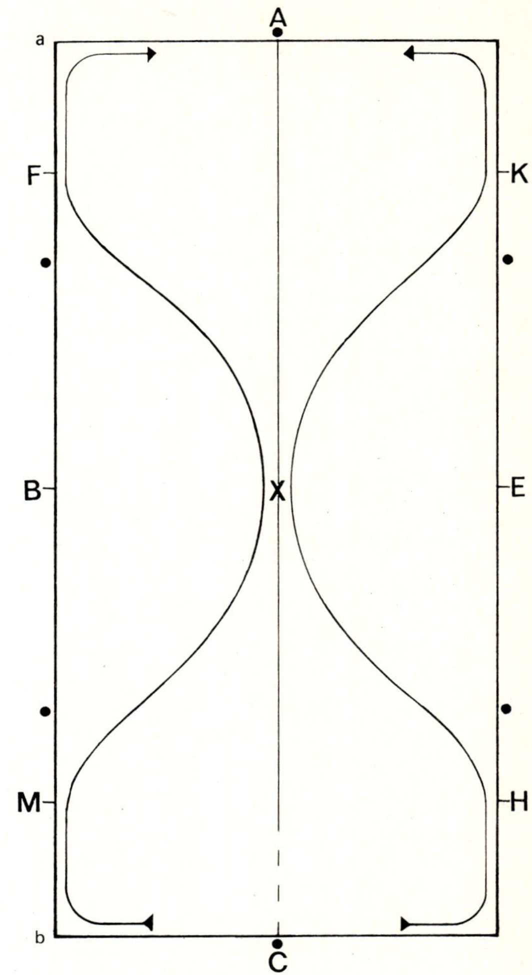

Abb. 53 (rechts): Einfache Schlangenlinie an der langen Seite. Einfache große Schlangenlinie bis X.

a – b	45 m

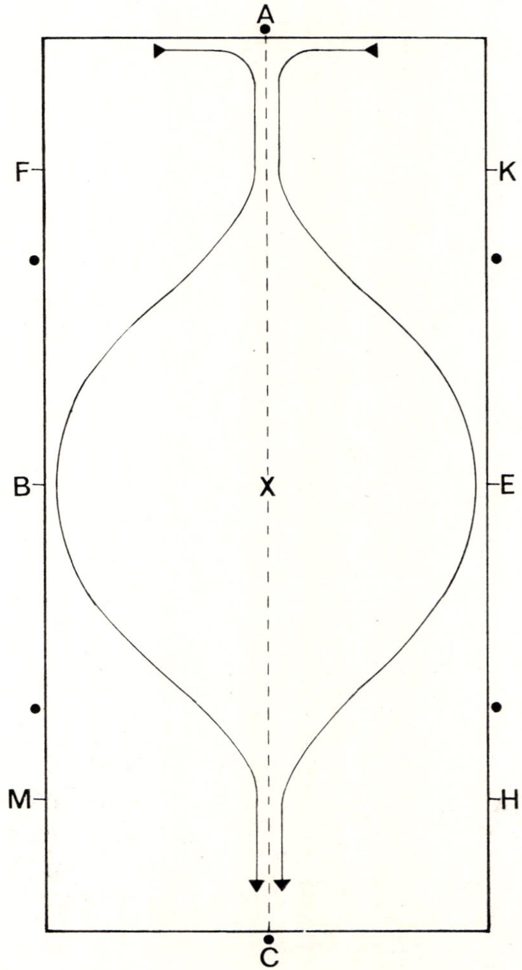

Abb. 54 (links): Einfache Schlangenlinie von der Mittellinie bis B und E. Paarweise Mittellinie, in Höhe F – K abwenden zur großen einfachen Schlangenlinie.

A – C 45 m

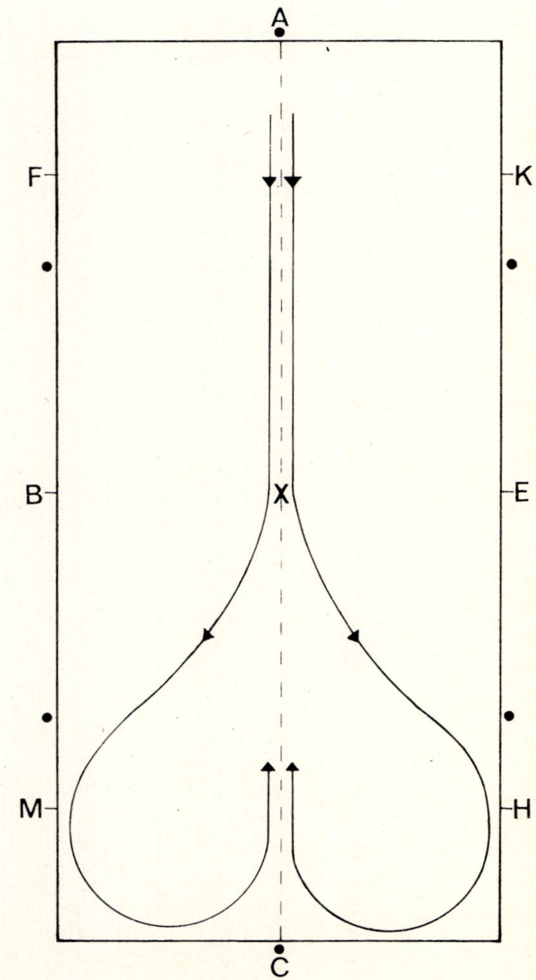

Abb. 55 (rechts): Herz. Paarweise Mittellinie, bei X mit weichem Bogen nach M und H und bei C wieder paarweise auf die Mittellinie.

A – C 48 m

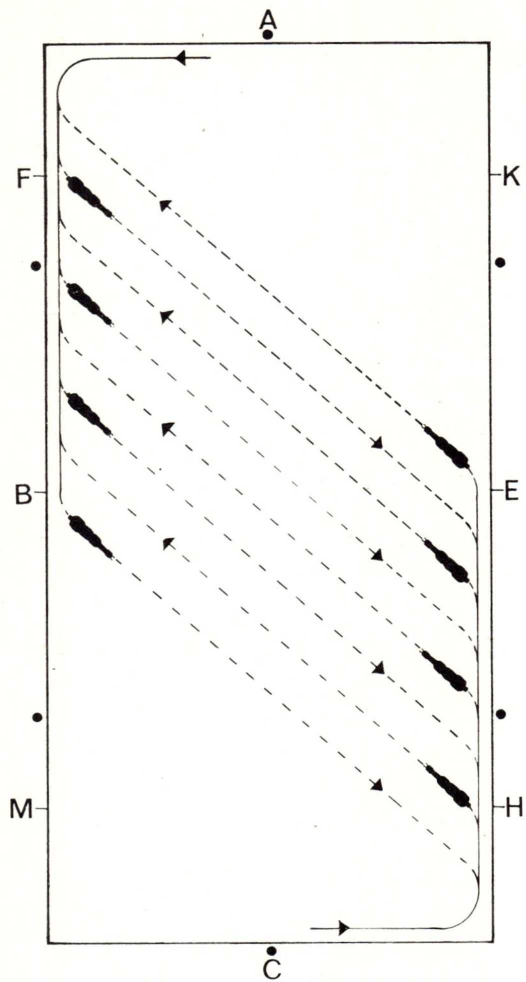

Abb. 56: Halblinks gegeneinander. Zwei Abteilungen zu einem ohne Abstände auf der linken Hand. Befinden sich beide Teten bei E und B, erfolgt das Kommando: »Halblinks – Marsch!« Beide Teten reiten auf gerader Linie einen Punkt an, der 3 m vor der Ecke liegt.

C – A 70 m

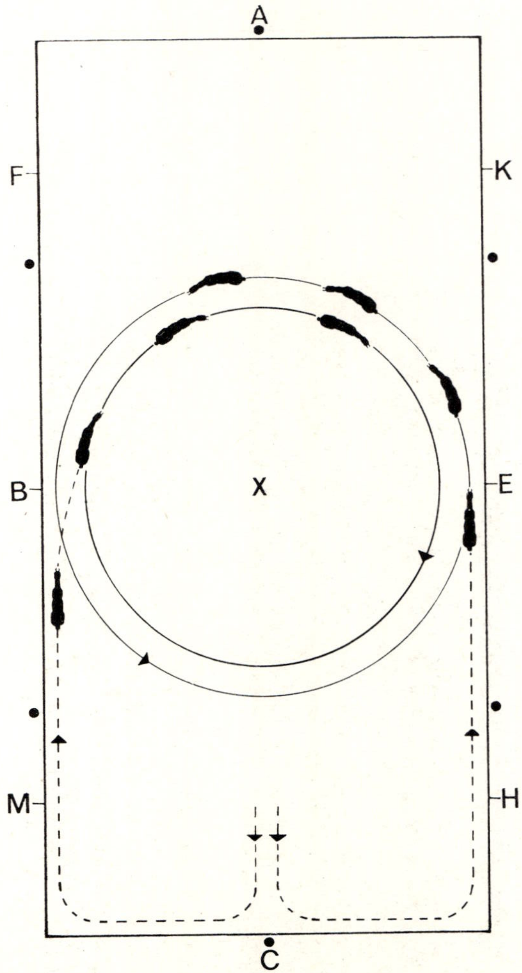

Abb. 57 (links): Mittelzirkel gegeneinander. Zwei Abteilungen von der langen Seite kommend gehen bei E und B gegeneinander auf zwei Mittelzirkel.

Äußerer Zirkel
1 x herum 60 m

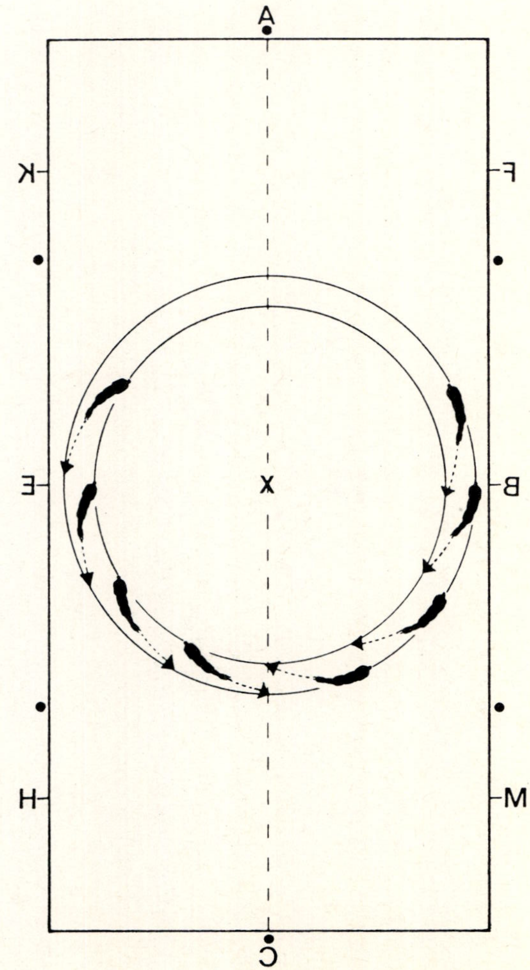

Abb. 58 (rechts): Wechseln der Mittelzirkel. Zunächst wie Figur Abb. 57. Beide Tetenreiter müssen sich jeweils auf der Mittellinie begegnen. Dazu müssen die Äußeren im Tempo etwas zulegen, die Inneren einfangen. Beide Teten wechseln an vorher festgelegten Punkten den Zirkel, die anderen Reiter folgen dieser Wechselbewegung

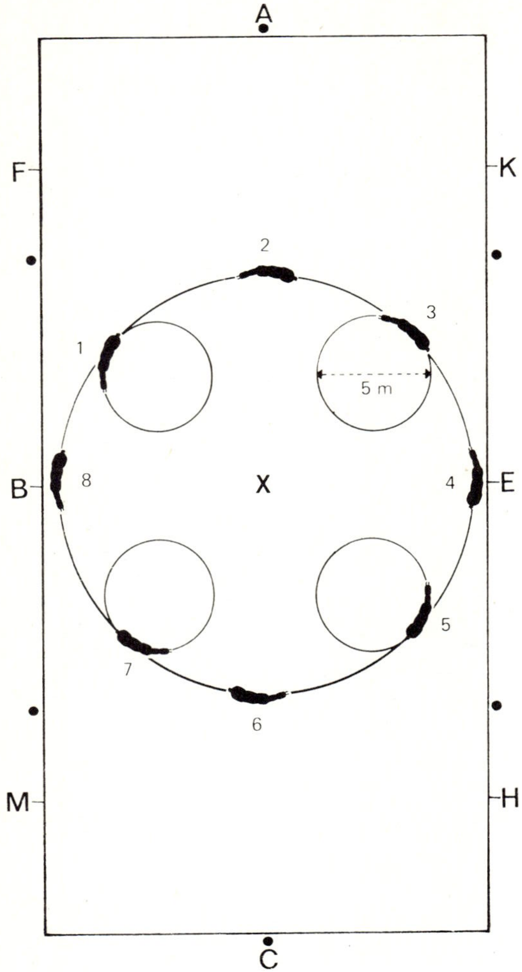

Abb. 59 (links): Volte im Mittelzirkel. Die Abteilung ist zu einem auf dem Mittelzirkel. Nummer 1, 3, 5, 7 reiten gemeinsam eine 5 m-Volte. Nr. 2, 4, 6, 8 sind indessen auf dem Zirkel ca. 15 m vorwärts geritten. Anschließend reiten Nummer 2, 4, 6, 8 die Volte, damit ist die alte Formation hergestellt.

Zirkel 1 x herum	60 m
1 Volte	15 m
	75 m

Abb. 60 (rechts): Die äußeren Reiter aus dem Zirkel wechseln. Die Abteilung ist paarweise auf dem Zirkel rechte Hand. Kommando: »Die Äußeren aus dem Zirkel wechseln!« Die Tetenreiter halten Augenverbindung, damit sie sich paarweise bei X treffen. Auf zwei Zirkeln bleiben.

Zirkel 1 x herum 60 m

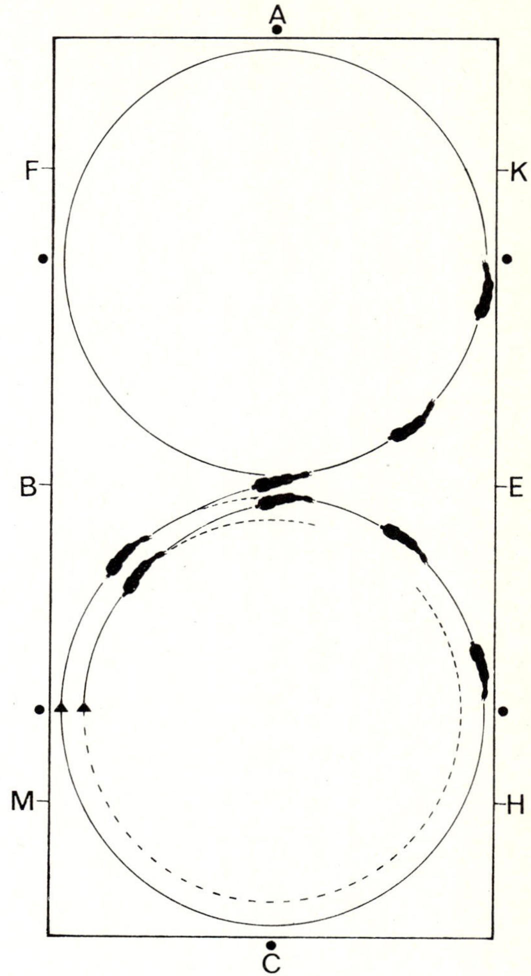

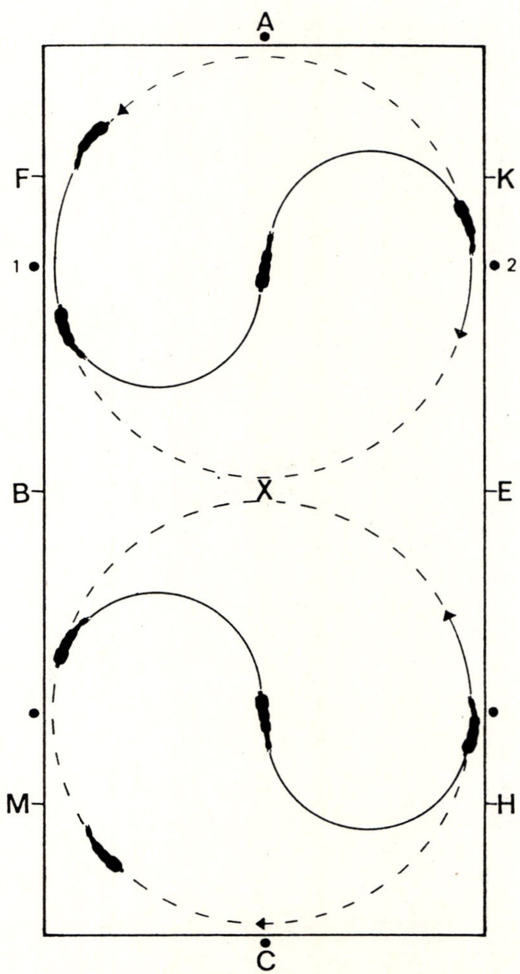

Abb. 61 (links): Durch die Zirkel wechseln. Kommando: »Beide Abteilungen durch die Zirkel wechseln!« Um wieder Paare zu bilden, bei X paarweise rechte oder linke Hand.

Wechseln von
Zirkelpunkt 1
zu Zirkelpunkt 2 30 m

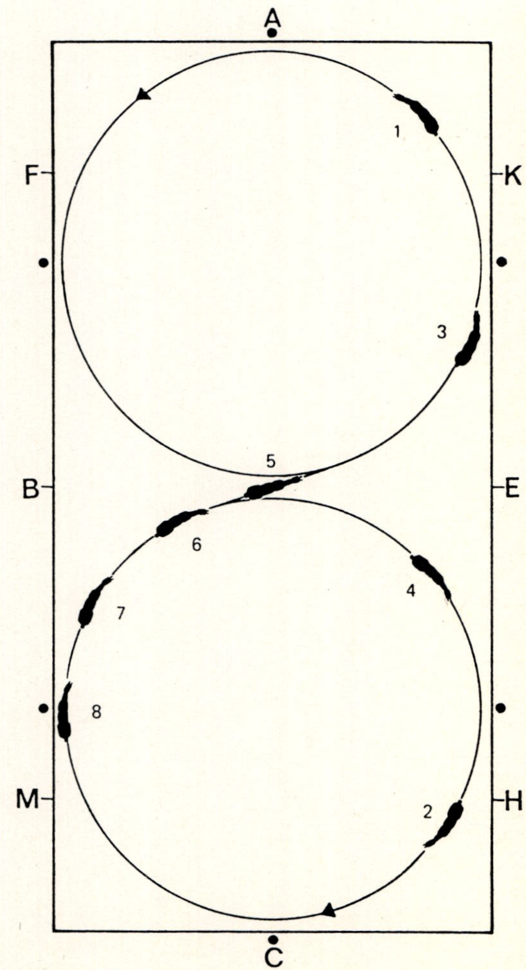

Abb. 62 (rechts): Bei X teilen und wechseln. Die Abteilung ist zu einem auf dem Zirkel bei C rechte Hand. Kommando: »1, 3, 5, 7 aus dem Zirkel wechseln. Abstände und Tempo halten!«

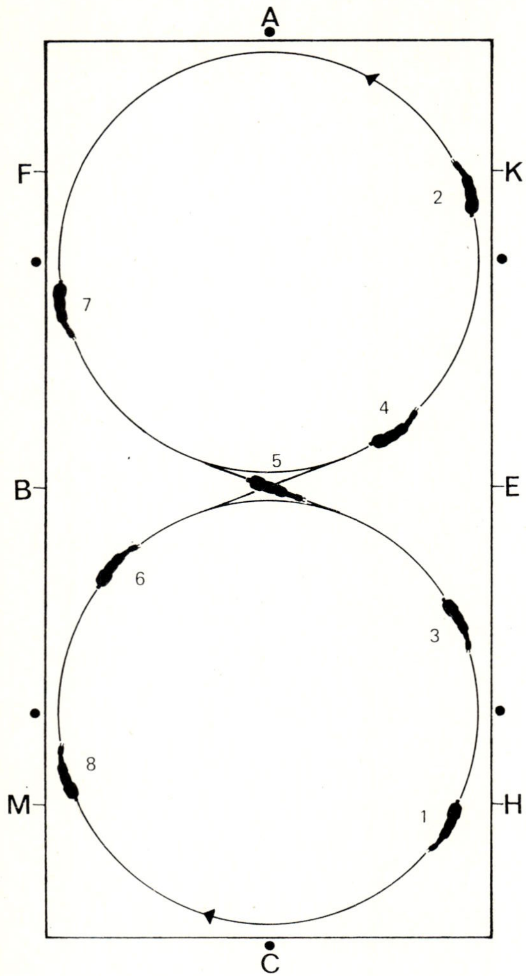

Abb. 63: Beide Abteilungen aus dem Zirkel wechseln. Kommando: » Beide Abteilungen aus dem Zirkel wechseln!« Beim Wechseln kreuzen die Reiter durch die Lücke

Eckvolten und Mühle

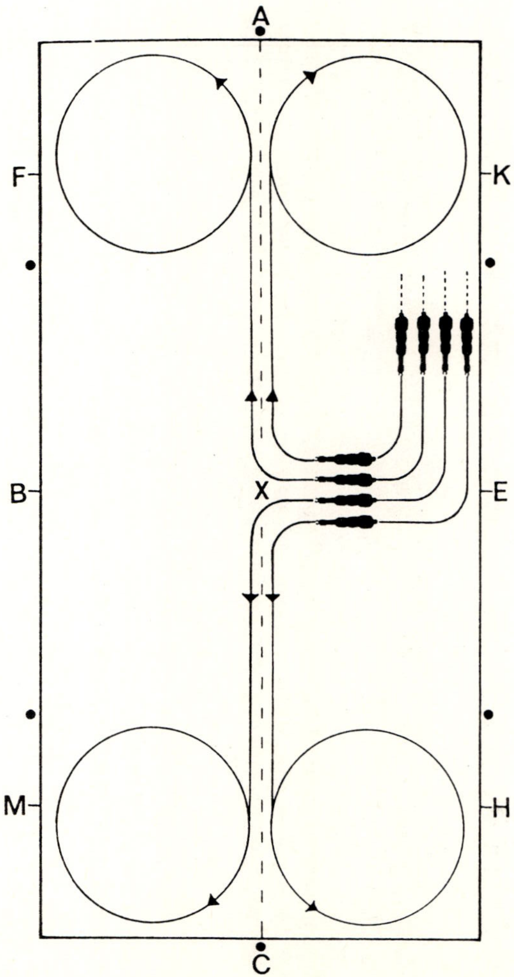

Abb. 64 (links): Eckvolten. Aufmarsch zur Eckvolte in 4er Blocks. Bei X paarweise teilen nach A und C. Bei A und C zur Eckvolte, diese 2 x herum

Abb. 65 (rechts): Auflösen der Eckvolten. Gleichzeitiges Verlassen der Volten nach X, dabei das von A kommende Paar sofort eng schließen, das von C kommende öffnen.

Bilden und Auflösen von X bis X

X – A	20 m
2 1/2 x Volte	75 m
FK – X	15 m
	110 m

(bei Volte 2 x herum)

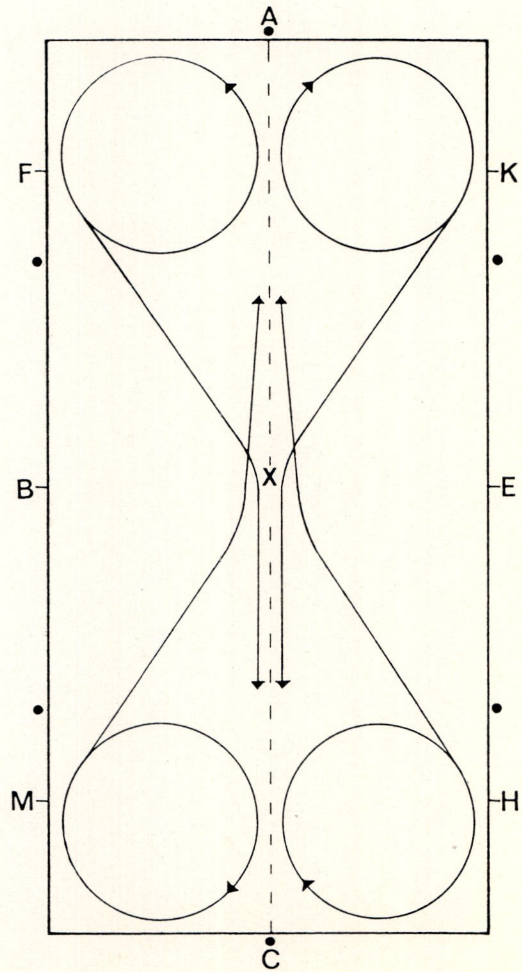

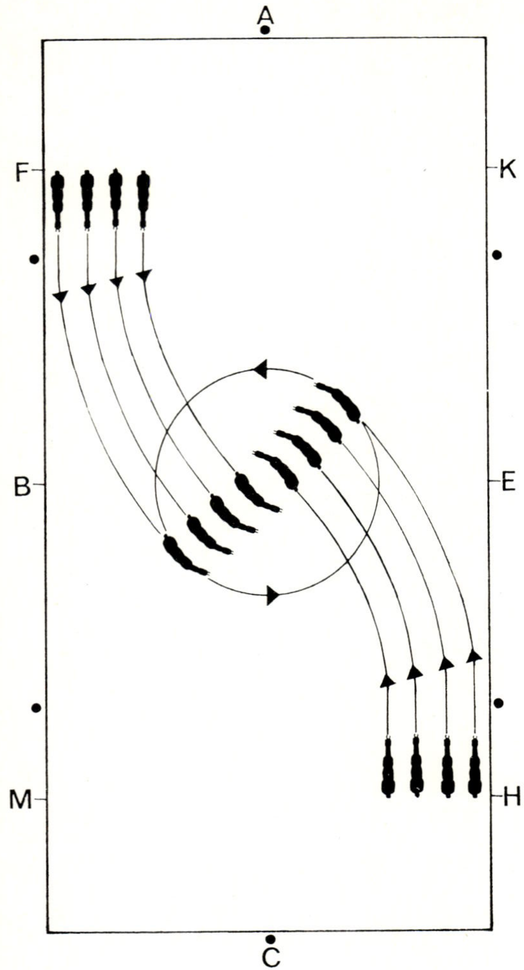

Abb. 66 (links): Mühle. Die Mühle in gekonnter Vollendung ist für Reiter und Zuschauer der Höhepunkt einer Quadrille. Sie sollte möglichst an den Schluß des Figurenspieles gelegt werden

Abb. 67 (rechts): Auflösen der Mühle. Es bestehen mehrere Möglichkeiten:

1. Der Ausmarsch in Viererblocks wie beim Bilden.
2. Der Ausmarsch zu Paaren.
3. Der Ausmarsch zu einem

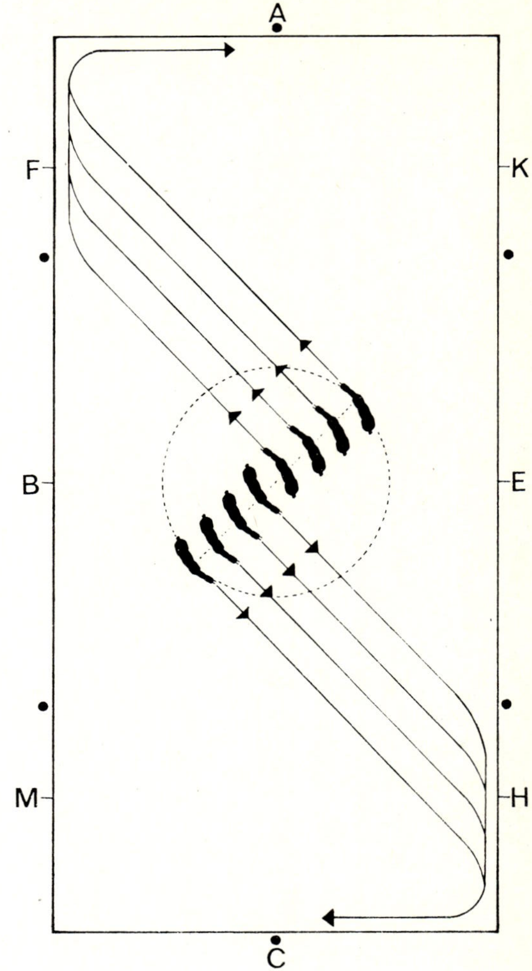

Beispiel einer Quadrille der Klassen E und A

Tab. 17

Aufmarsch zur Front: Gruß				
Schritt				
	paarweise anreiten von innen her			= 1 min 50 s
C	teilen			
M + H	durch die ganze Bahn wechseln			
A	paarweise Mittellinie, Volten rechts und links (*Abb. 11*)			
C	teilen			
M + H	einfache Schlangenlinie bis X			
		Schrittarbeit	220 m	= 1 min 50 s
Trab				
A	Keil nach C			
C	paarweise rechte Hand, auf dem Zirkelgeritten (1 x herum)			
X	die Äußeren aus dem Zirkel wechseln (1 1/2 x herum)			
F + M	beide Abteilungen durch den Zirkel wechseln			
		Trabarbeit	260 m	= 1 min 20 s
Galopp				
	Arbeitsgalopp Zirkel 2 x herum		120 m	= 0 min 30 s
Trab				
X	paarweise linke Hand, ganze Bahn 1 x herum			
C	paarweise Mittellinie – Gasse			
C	teilen, an der langen Seite Volte			
A	zu einem auf die Mittellinie, halbrechts nach B			
B	Mittelzirkel 1 x herum, anschließend Spirale			
E	zu einem rechte Hand			
H – C	Paare bilden			
M	inneren Reiter Zirkel, die äußere ganze Bahn (inneren nach Zirkel 1 x herum auch ganze Bahn)			
E + B	halbrechts gegeneinander			
C – H	zu zweien			
K – A	zu vieren			
F + H	zu vieren durch die ganze Bahn wechseln			
X	Mühle links, 1 x herum			
H + F	zu vieren ganze Bahn, 1 x herum			
H + F	zu einem			
M + K	durch die ganze Bahn wechseln			
A + C	Galopp	Trabarbeit	1.100 m	= 5 min 25 s

Tab. 17: Fortsetzung

Galopp			
	1. Abteilung Zirkel, 2. Abteilung ganze Bahn		
K	Paare bilden, Zirkel 1 x herum		
A	paarweise ganze Bahn 1 x herum		
		Galopparbeit	250 m = 0 min 50 s
Trab			
	bei K		
A	paarweise Mittellinie		
C	teilen rechts und links, ganze Bahn		
A	Aufmarsch zur Front		
		Trabarbeit	130 m = 0 min 40 s
		Gesamtzeit	10 min 35 s

Beispiel einer Quadrille der Klasse L für vier Pferde

Tab. 18

Schritt	
	Einmarsch zu einem von A auf der Mittellinie, Gruß in der Bewegung
C	teilen rechts und links und wechseln bis X
X	Paare bilden, auf der Mittellinie geradeaus
A	teilen
F + K	Viereck verkleinern bis X, paarweise Mittellinie
	Schrittarbeit 170 m = 1 min 25 s
Trab	
C	teilen und durch die ganze Bahn wechseln
A	paarweise Mittelinie, 1. Paar Volte rechts und links
X	2. Paar Volte rechts und links
C	teilen und wechseln bis X - bei X zu einem Mittellinie
A	zu vieren rechte Hand
E	zu vieren rechts um
B	paarweise teilen rechts und links
A + C	paarweise Mittellinie
X	Kleeblatt 2 x herum
X	paarweise Mittellinie, 1 + 3 schließen, 2 + 4 öffnen
A + C	alles paarweise rechte Hand, durch die ganze Bahn wechseln, dabei öffnen
C	1. Paar Zirkel, 2. Paar ganze Bahn
M	zu vieren, bei H inneres Paar Zirkel, dann ganze Bahn
E + B	Echelonsvolte 2 x - nächste Ecke zu einem
F + H	durch die ganze Bahn wechseln zum Karussell links
A + C	alles linke Hand, 1 + 2 ganze Bahn, 3 + 4 Zirkel
M	3 + 4 hinter 1 + 2 zu einem
A	Zirkel zu einem und Schritt
	Trabarbeit 910 m = 4 min 35 s
Galopp	
	Angaloppieren auf dem Zirkel (linke Hand zu einem)
A	zu einem Mittellinie
C	zu einem linke Hand und Zirkel 1 x herum
X	nur 2 + 4 ohne Galoppwechsel aus dem Zirkel wechseln1 x herum dann alle aus dem Zirkel wechseln, 1 x herum
C	zu einem ganze Bahn
K	Téte aus der Ecke kehrt

Tab.: 18: Fortsetzung

Galopp			
X	einfacher Galoppwechsel (gemeinsam)		
F	Volte - Marsch		
A	rechts um, zu vieren über die Länge		
G	einfacher Wechsel rechts und links, paarweise teilen, nächste Ecke zu einem		
E +B	Volten hintereinander		
F + K	Téte aus der Ecke kehrt ohne Wechsel		
M + H	ohne Wechsel durch die ganze Bahn wechseln		
K + F	zu zweien		
A	zu vieren Mittellinie (bei G eventuell Trab)		
C	paarweise teilen		
A	zu vieren Mittellinie zur Schlußaufstellung Gruß		
		Galopparbeit	1.250 m = 4 min 10 s
		Gesamtzeit	10 min 10 s

Bei den vorstehend aufgeführten Quadrille-Beispielen wurden bewußt Empfehlungen für versammelte und verstärkte Gangarten weggelassen, da diese sich aus der Musik ergeben.

Bei der Zusammenstellung der Figuren läßt sich selbstverständlich auch der Weg gehen, bei dem zuerst die Musik festgelegt wird und die Figuren dann in die Musik hineingebaut werden. Dieser Weg wurde beschrieben in den Kapiteln »Quadrillen mit einem durchlaufenden Musikstück« und »Vom Wissen zum Können«.

Literaturnachweis

BRUNO, H.-J., 1976: Formationsreiten. Rüschlikon: Albert Müller.

BÜRKNER, F., 1979: Ein Reiterleben. Hildesheim: Olms.

BUNDESMINISTERIUM FÜR ERNÄHRUNG, LANDWIRTSCHAFT UND FORSTEN (Hrsg.), 1985: Die Spanische Reitschule Wien.

DEUTSCHER SPORTBUND, 1982: Sport und GEMA.

HANKE, CHR.-M., 1980: Das große Buch des Quadrille-Reitens. Düsseldorf: Sankt Georg.

JACOBS, R., 1983: Musiktherapie. Bad Liebenzell: Verein für ein erweitertes Heilwesen.

HEYDEBRECK, H. von, 1988: Die deutsche Dressurprüfung. Eine Anleitung für Reiter, Richter und Zuschauer. 3. Aufl. Pareys Reiter- u. Fahrerbibliothek. Berlin, Hamburg: Paul Parey.

RENNER, H., 1964: Opern- und Operettenführer. Berchtesgaden: Vier Falken.

SCHNOOR, H., 1973: Geschichte der Musik. Hamburg: Deutscher Literatur Verlag.

SEUNIG, W., 1980: Von der Koppel zur Kapriole. Die Ausbildung des Reitpferdes. 15. Tsd. Frankfurt/Main: Wolfgang Krüger.

ZEITUNG FÜR PFERDELIEBHABER, 1977: Die bibliophilen Taschenbücher. Dortmund: Harenberg Kommunikation.

Raum für Notizen

Raum für Notizen

Raum für Notizen